청 소 년
스마트폰
디 톡 스

청소년 스마트폰 디톡스

김대진(가톨릭의대 정신건강의학과 교수) 지음

생각속의집

진정한 스마트폰 디톡스는
아이들을 나무처럼 키워내는 일

얼마 전, 한 철학과 대학생을 진료실에서 만났습니다. 이런저런 이야기를 나누다가 유튜브가 화제로 나왔습니다.

"유튜브가 재미있어요?"

"네, 재미있어요."

"유튜브가 얼마나 많은 지식이나 정보를 주는 거 같아요?"

"가끔 도움이 되는 것도 있지만 별로 주는 건 없어요. 많은 유튜브가 내용만 보면 수준 이하 같아요. 주의만 끌지 얻어갈 내용은 많지 않아요."

"그런데 왜 보나요?"

"손쉽게 볼 수 있잖아요. 관심 있는 유튜브만 찾아서 볼 수도 있고요."

대학교 철학과 4학년이 자주 보는 유튜브는 초등학생이 보는 유튜브와 다르지 않았습니다. 물론 이를 일반화할 수는 없습니다. 유튜브가 좋다, 나쁘다를 말하는 것도 아닙니다. 다만 분명한 것이 있습니다. 유튜브에는 유튜브를 절제하도록 만드는 어떤 힘도 존재하지 않습니다. 그러니 나이를 떠나 비슷한 것을 보고 자꾸 빠져듭니다.

많은 사람이 정보와 지식을 알고자 유튜브를 시작합니다. 유튜브를 사용할 때 자신(유저)이 콘텐츠를 선택하는 것 같지만 사실은 그렇지 않습니다. 우리는 '보이지 않는 손'이 차린 음식(콘텐츠)을 먹고 있을 뿐입니다. 추천영상이라는 명목 아래 관련 콘텐츠를 제시한다지만 유튜브를 하다보면 자신도 모르게 흥미 위주의 콘텐츠로 손이 가고 눈이 향합니다.

새로운 기술이 나타나면 세상은 우선 들뜹니다. 새 기술이 가져올 편리함과 긍정적 변화의 가능성에 한껏 부풀어 오릅니다. 이런 반응과 동시에 그 기술이 가져올 반작용도 떠올립니다. 스마트폰이라고 다르지 않습니다. 스마트폰은 이전 휴대폰과는 다른 차원으로 세상을 바꿔 놓았습니다. '모든 것이 이어진다'라는 초연결을 가능하게 만드는 것도 스마트폰입니다. 2007년 6월 스티브 잡스를 최고경영자로 둔 애플(Apple)사가 만든 이후, 스마트폰은 세상을 완전히 장악했습니다.

스마트폰의 긍정적인 요소는 많습니다. 쉽게 누구나 어디든 연결할 수 있고, 더 많은 정보를 빠르게 얻을 수 있습니다. 다양한 기능을 구현한 덕분에 음악, 사진, 영상 등 다른 디지털 기기가 스마트폰 안으로 들어왔습니다. 스마트폰 하나만 있으면 굳이 다른 기기를 들고 다닐 필요가 없어졌습니다. 편리하고 직관적으로 사용할 수 있는 유용성까지 갖추었습니다.

반면 우리는 스마트폰에 과의존 되어가고 있습니다. 이것 없이 살지 못할 정도로 기계에 교착된 기묘한 상태에 빠져들었습니다. 기기가 없으면 불안하고 불안정해집니다. 연결되지 못하는 괴로움은 또 어떻습니까. 와이파이가 없으면 세상의 끝인 양 괴롭고 불안합니다. 지하철이나 버스 등 대중교통을 타면 놀랍습니다. 하나같이 고개를 숙인 채 스마트폰 삼매경에 빠져 있습니다.

언제 추락할지 모른다?
스마트폰이라는 위험한 래프팅

스마트폰이 나온 지도 10년이 넘은 지금, 스마트폰을 사용하는 태도에 대해서 우려가 큽니다. 너무 무방비 상태에서 스마트폰을 만난 까닭일까요. 지금 스마트폰 등 디지털 기기를 사용하는 모습은 급류에 휘말린 래프팅을 보는 것 같습니다. 래프팅은 무척 흥미로운 레포츠입니다. 두려움과 쾌감이 양가감정으로 작동합니다. 흔들리는 고무보트를 타고 급류를 헤쳐 나가는 과정에서 즐거움과 자극을 받고 때로는 깨달음도 얻습니다. 하지만 스마트폰 사용을 래프팅에 비유한 것은 그와 다른 의도입니다.

과거에는 공부를 하고 지식을 쌓을 때 큰 강에서 물이 흐르듯 유유자적하고 자연스러웠습니다. 그런 여유와 느림 속에서도 치열함은 잃지 않았습니다. 그런데 지금은 어떤가요? 래프팅을 타듯 급류에 온통 신경을 쓰느라 다른 것은 보지도 생각하지도 못합니다. 빠르게 흘러가는 밖을 쳐다보느라 정작 내부 점검은 언감생심입니다. 이 래프팅에서 폭포를 만난다면 어떨까요? 언제 추락할지도 모를 위험하고 허무한 래프팅입니다. 이 위험한 래프팅을 누가 멈출 수 있을지 모르겠습니다.

스마트폰 보급은 매우 빠른 속도로 이루어졌습니다. 지금 스마트폰 보급률은 95%에 달할 정도입니다. 빠른 보급만큼이나 부작용도 나타나기 시작했습니다. 2010년대 들어 본격적으로 스마트폰 과의존에 대한 각종 연구와 조사가 이뤄지기 시작했습니다. 스마트폰은 이전의 휴대폰과 완전히 달랐습니다. 카메라, 게임 등 다양한 디지털 기기를 집어넣은 데다 어디서든 인터넷 연결이 가능하다는 점 때문에 스마트폰에 대한 의존은 점점 커졌습니다. 급기야 '스마트폰 중독'이라는 신종 행위 중독의 가능성까지 제기될 만큼 스마트폰은 일상을 잠식했습니다. 급류에 휘말린 래프팅처럼 스마트폰은 짜릿하고 자극적인 감각을 제공합니다.

우리나라뿐 아니라 세계 각국 정부나 의학계 등에서 스마트폰 과의존에 대한 심각성을 깨닫기 시작했습니다. 이와 관련한 연구를 수행하거나 특정 나이가 될 때까지 디지털 기기를 사용하지 못하게 하는 등 다양한 조치를 내놓고 있습니다. 중국은 정부 차원에서 치료센터를 만들기도 했습니다.

영국에서는 의원들이 나서서 페이스북, 인스타그램 등 SNS 중독을 일종의 질병으로 분류해야 한다는 보고서를 내놓았습니다.[01] 이들은 하루 3시간 이상 소셜미디어를 사용하는 청년들이 그렇지 않은 사람보다 2배 이상 정신적 질환 증세를 보일 개연성이 있다고 지적했습니다. 이에 정부가 SNS 중독을 의학적으로 정의할 수 있는지 우선 파악하기 위한 연구를 지원해야 한다고 강조하기도 했습니다.

사실 흐르는 물을 억지로 막을 수는 없습니다. 거대한 댐을 구축하지 않는 이상 어렵습니다. 그렇다고 래프팅만 하고 있을 수는 없습니다. 스마트폰을 비롯하여 디지털 과의존은 개인 차원의 접근이 쉽지 않습니다. 의지만으로 쉬이 해결할 수 있는 문제도 아닙니다. 주변이 다 지뢰밭입니다. 마약이나 알코올 중독은 그것에 접근하지 않을 수만 있다면 힘들지만 치료가 가능합니다. 즉 환경만 제대로 바꿔도 중독에서 벗어날 여지가 있습니다. 그러나 스마트폰은 다릅니다. 지금 세상은 스마트폰 없이 살 수가 없습니다. 음식을 비롯하여 생활의 모든 것이 스마트폰과 연결되어 있습니다.

"스마트폰 좀 그만해!"
아이들에게 '내로남불'하지 않기를

아이는 양육자의 거울입니다. 집 안에 스마트폰에 매달리는 아이가 있다면, 먼저 양육자 스스로 집에서 어떤 행동과 태도를 취했는지 살펴보아야 합니다. 스트레스를 푼다는 핑계로 집에서 늘 스마트폰을 붙잡고 있지는 않았을까요? 자신은 늘 스마트폰을 하면서 아이에게 못하게 했다면 요즘 말로 '내로남불'입니다. 가정에서 아이가 스마트폰에 매달리는 것을 막고 싶다면 양육자부터 솔선수범할 일입니다. 책을 보거나 취미활동을 하든지, 달라진 양육자의 모습을 본다면 아이도 달라집니다.

스마트폰 과의존은 무엇보다 '예방'이 중요합니다. 일부 학교에서 예방 교육을 하고 있지만 콘텐츠나 교육과정은 충분하지 않습니다. 초3이나 중3이나 내용에 별 차이가 없을 정도입니다. 스마트폰 과의존에 대한 심각성을 느낄 수 있는 실질적인 교육이 필요합니다. 어떤 양육자는 이렇게도 묻습니다.

"초등학교 때까지는 스마트폰을 사용하지 않아도 괜찮았으나, 중학교에 가니 아이 친구 모두가 스마트폰을 갖고 있어서 어떻게 해야 할까요?"

스마트폰을 아예 사용하지 않도록 하는 것은 좋지 않습니다. 자연인으로 살지 않는 한 스마트폰 없이 살 수는 없습니다. 따라서 콘텐츠에 대한 분별력을 키워주는 교육이 필요합니다. 스마트폰이라는 기기 혹은 기술 자체는 중립적입니다. 문제는 그 안에 좋은 콘텐츠도 있고 나쁜 콘텐츠도 있습니다. 예를 들어 스마트폰을 통해서 수학 문제를 풀게 한다면 스마트폰 과의존이나 중독에 빠질 일은 없습니다. 이는 책이나 교과서를 보는 것과 다르지 않습니다.

진짜 문제는 많은 콘텐츠가 중독 요소를 극대화하는 것입니다. 유튜브에도 공부나 학습을 할 수 있는 콘텐츠가 있습니다. 다만 교육용 유튜브 콘텐츠를 보면서도 옆길로 새는 경우가 발생합니다. 유튜브가 알고리즘에 의하여 그런 콘텐츠를 제시하거나 사용자가 옆길로 새기도 합니다. 그만큼 재미있고 자극적인 것이 유튜브에는 수두룩합니다. 그렇게 샛길로 갔다가 계속 탐닉하는 경우도 비일비재합니다. 따라서 기기 문제가 아닌 콘텐츠의 문제로 보는 것이 더 정확합니다.

청소년 스마트폰 중독,
한 개인의 문제가 아닌 우리 모두의 문제

이제는 사회 전반적으로 좀 더 스마트폰 과의존이나 중독에 대한 문제에 적극적으로 나서야 합니다. 미국 상원의원이자 대통령 경선 후보인 엘리자베스 워런은 2018년 '책임 있는 자본주의 법안(Accountable Capitalism Act)'을 내놓았습니다. 이 법안은 일정 규모의 회사는 협력업체 노동자, 소비자, 지역공동체 등 전반적인 공공의 이익(이해관계자)을 위하여 활동해야 한다는 내용을 담았습니다. 워런

의원은 또 애플·페이스북·아마존·구글 등 거대한 테크놀로지 기업들의 독점 해체 등을 요구했습니다. '뼛속까지 자본주의자'라고 자칭하는 그가 지금 자본주의를 제대로 고치지 않으면 지속가능한 자본주의를 만들 수 없다고 생각한 것입니다.

우리나라에서도 정부 차원에서 사회적 가치를 중요한 국정과제로 삼고 있습니다. 이에 공기업의 경영 평가를 할 때도 가장 중요하게 보는 항목이 사회적 가치입니다. 또 사기업에서도 이에 공조하는 움직임도 커지고 있습니다. 최태원 SK그룹 회장이 '사회적 가치' 경영을 표방하면서 그룹별 사회적 가치를 측정·관리하고 있습니다. 이제는 재무적(경제적) 가치뿐 아니라 사회적으로 어떤 가치를 낳느냐가 중요하게 평가받는 시대로 향하고 있습니다.

'기업의 사회적 책임(Corporate Social Responsibility·CSR)'을 강조했던 시절이 있습니다. 기업이 돈(이윤)을 벌었으니 이윤 일부를 사회에 환원한다는 개념의 사회공헌 활동이 CSR입니다. 그런 흐름은 '공유가치 창출(Creating Shared Value·CSV)'로 옮아갔습니다. 이는 CSR과 큰 차이가 있습니다. CSR이 일종의 선행이면, CSV는 사회적 가치를 창출하면서 재무 수익을 함께 추구하는 기업 활동 자체입니다. 기업 경쟁력과 주변 공동체가 상호 의존적이고 연결되어 있다는 인식에 기반한 활동입니다. CSV는 CSR보다 진화한 개념으로 기업이 사회와 상생하는 것을 목적으로 합니다.

그렇다면 기업이 상품을 내놓을 때, 그것이 콘텐츠든 디지털 기기든 의미와 가치를 지니고 세상을 좀 더 풍요롭게 만들 수 있는 데도 신경을 써야 합니다. 그것이 지금 시대가 요구하는 사회적 가치입니다. 예쁜 꽃 한 송이를 포장하여 시장에 내놓고 수익을 내는 것도 좋지만, 나무를 심어 더 풍요로운 생태계를 조성하는 활동이 더 큰 경제적 가치와 사회적 가치를 낳을 수 있습니다. 이것이 가능하냐고 물을 수 있겠지만 세상이 그렇게 요구하고 많은 기업이 그렇게 하고 있습니다.[02] 이런 가치에 기반한 상품은 기술적으로 어렵고 비용이 더 들며, 효과를 보려면 시간도 오래 걸릴 수 있습니다. 하지만 나무가 없으면 생명이 살 수가 없습니다. 제아무리 좋은 기술을 장착한 기계도 살 사람이 없으면 무용지물입니다. 중요한 것은 지속 가능성입니다. 자신의 상품을 팔 수 있는 생태계가 있어야 기업도 존재할 수 있습니다. 더 크고 많은 사회적 편익이 기업의 지속 가능성을 높일 수 있습니다.

스마트폰(디지털) 중독을 개인의 문제로 치부해서 안 됩니다. 우리 누구에게라도 닥칠 수 있는 일입니다. 우리 아이들과 세상을 나무처럼 키워내야 합니다. 나무는 숲을 살아 숨 쉬게 합니다. 한 그루의 나무가 자라는 데는 오랜 시간이 걸리지만, 나무들로 무성한 숲의 지속 가능성은 그만큼 높아집니다.

디지털과 인간의 관계도 마찬가지입니다. 서로 가치 있는 관계로 이어가려면 나무를 키우는 마음이 필요합니다. 이런 의미에서 진정한 스마트폰 디톡스란 아이를 나무처럼 키워내는 일과 같습니다.

아인슈타인은 이렇게 말했습니다. "과거와 같은 방식으로 지금의 문제를 해결할 수 없다." 지금 우리에게 닥친 문제를 과거의 잣대나 기준을 들이대서 풀고자 노력한다면 헛된 수고입니다. 지금 현상을 인정하고 이해하면서 서로 머리를 맞대고 협력할 때 우리는 답을 찾을 수 있습니다. 급류에 휩쓸려 절벽으로 떠밀리지 않으려면 보트에 탄 사람들은 각자 해야 할 역할을 수행하면서 힘을 합쳐야 합니다.

디지털 중독은 의학, 뇌과학뿐 아니라 철학, 심리학, 인문학 등 다른 학문과 섞이고 교류하면서 통합적인 연구가 진행되어야 합니다. 인류의 모든 문제가 그러하듯 특정 분야나 학문만으로 해결할 수 없습니다. 스마트폰은 분명 편리하고 필요한 기술이자 기기가 맞습니다. 하지만 빠른 기술 발전과 흐름에만 휘둘리면 인류는 오래 살아남을 수 없습니다. 빠른 기술 변화에 대하여 인문학과 철학, 사회학 등이 깊이 있게 성찰하고 균형을 맞출 수 있는 목소리를 적극 내주면 좋겠습니다. 그러기 위해서는 기술을 이해하려는 노력이 적극적으로 선행되어야 합니다. 변화에 대한 이해를 바탕으로 통찰을 얻어서 좀 더 적극적인 해결책을 제시해주면 좋겠습니다. 우리는 언제든 통합적인 연구를 함께 할 준비가 되어 있습니다.

스마트폰이 성장기 뇌에 영향을 미친다는 연구 결과는 많습니다. 가톨릭대학교 중독연구실도 게임이나 인터넷, 스마트폰 등에 대한 과의존이 미치는 영향을 다각도로 연구했고, 그에 따른 연구 결과를 이 책에 담았습니다. 특히 성장기 청소년들의 정서에 스마트폰 및 디지털 기기의 과의존이 미치는 영향을 탐색해보자 했습니다. 이 책이 그동안 아무렇지 않게 사용했던 스마트폰 사용을 다시 생각해보는 계기가 되기를 바랍니다.

마지막으로 5년이라는 긴 시간 동안 '디지털 디톡스' 연구를 함께 진행해주신 서울대학교 보라매 병원 정신건강의학과 최정석 교수님, 연세대학교 생리학교실 김정훈 교수님, 서울대학교 통계학과 이영조 교수님 그리고 가톨릭대학교 의료정보학교실 최인영 교수님께 감사드립니다.

김 대 진
가톨릭의대 정신건강의학과 교수

차례

01

우리 아이들이 위험하다, 스마트폰의 습격

디지털 중독에 내몰린 청소년들

"우리의 삶은 시간으로 이루어져 있고 시간은 신이 준 선물이니, 선하고 유익한 일에 써야 한다. 많은 젊은이들이 인터넷과 스마트폰을 하는 일에 많은 시간을 낭비하는 것 같다. 이런 활동은 삶의 질을 향상시키기도 하지만, 무엇이 정말 중요한 것인지에 대한 관심을 빼앗아간다."

– 프란치스코 교황, 바티칸 성 베드로 성당 연설, 2014년 8월 5일

사각의 프레임에 갇힌 아이들

"아침에 일어나는 것이 너무 힘들다. 엄마가 나를 들들 볶으며 깨운다. 억지로 일어나지만 정신은 멍한 상태다. 매일 아침이면 짜증부터 난다. 넋은 나가 있고 시체나 다름없다. 왜 시간에 맞춰 일어나고 학교를 가야 하는지 모르겠다. 어제도 밤을 새우다시피 스마트폰을 했다."

스마트폰으로 밤을 하얗게 지새운 학생에게 물었습니다. "너에게 스마트폰은 어떤 의미니?" "생명줄"이라는 답변이 나왔습니다. 한 지상파 방송에서 하루 10시간, 밤새 스마트폰을 통해 유튜브나 게임을 하는 학생들에게 질문을 던지고 얻은 답변입니다.[03] 언제 가장 화가 나느냐를 묻는 질문에는 '폰압'이라고 썼습니다. '스마트폰 압수'의 준말입니다. 스마트폰이 없는 순간을 견디지 못하는 요즘 아이들의 자화상입니다. 어른이라고 크게 다르지 않습니다. 지하철이나 버스를 타든, 식당에서 밥을 먹든, 친구와 함께 카페에 있든, 그리고 거리를 걷는 순간에도 스마트폰에 정신이 팔린 어른들을 보는 것은 어렵지 않습니다.

집에서 아이들을 혼낼 때 풍경도 바뀌었습니다. 과거에 아이들이 잘못을 저질렀을 때, 양육자는 이렇게 소리쳤습니다. "네 방에 들어가 있어!" 명백하게 처벌의 의미를 띠고 있었습니다. 그럴라치면 아이는 방에 '갇힌' 몸이 됐습니다. 그 와중에 아이는 반성하거나 툴툴거리거나 멍을 때리면서 나름 자기만의 방 사용법을 터득했습니다.

그러나 이제 그런 말을 들을라치면 아이들은 '아싸' 하면서 되레 반가워할 겁니다. 시대가 바뀌었습니다. 요즘 아이들은 방에서 나오라고 해도 나오지 않으려고 합니다. 방이 좋아서가 아닙니다. 양육자 간섭 없이 사각의 프레임이 주는 새로운 세계에 몰두할 수 있기 때문입니다. 스마트폰이든 컴퓨터든 사각의 프레임이 제공하는 세상이 지금의 아이들이 사는 세상입니다.

스마트폰 세계에 빠진 스몸비 아이들

스마트폰은 이미 아이들 일상에 깊이 침투했습니다. 이전 세대와 달리 태어날 때부터 스마트폰의 세례(?)를 받은 지금의 아이들은 스마트폰 없는 세상을 상상할 수 없습니다. 아이들은 옹알이를 시작할 무렵부터 양육자가 보여주는 스마트폰에 시선을 빼앗깁니다. 좀 더 자라게 되면 스마트폰을 손에 꼭 쥐고 놓지 않습니다.

어렸을 때부터 스마트폰을 옆에 끼고 자란 세대를 '아이젠(iGen)'[04] 혹은 '디지털 네이티브(digital native)'라고 부릅니다. 반면 사각의 프레임 밖 세계에 익숙한 세대는 '디지털 이주민(digital immigrant)'이라고 부릅니다.[05] 지금 아이들은 태어남과 동시에 사각의 프레임을 부여받은 디지털 원주민입니다. 약간 과장하자면 디지털 원주민은 사각의 프레임 '안' 세계는 익숙해도 프레임 '밖' 세계는 서툽니다. 어떻게 살아야 할지 제대로 배우지 못한다고 할까요. 그래서 디지털 원주민에서 더 나아가 '스몸비(smombie)'라고 부릅니다. 스마트폰(smartphone)과 좀비(zombie)를 합친 말입니다. 2015년 독일에서 처음 사용되었고 스마트폰에 지나치게 매인 사람을 일컫습니다. 특히 스마트폰을 들여다보느라 거리에서 고개를 숙이고 걷는 사람을 '스몸비'라고 부릅니다. 좀비처럼 넋 빠진 시체 걸음걸이를 빗댄 말입니다.

물론 스마트폰에 빠진 아이들이 우리나라에만 있는 것은 아닙니다. 다른 여러 나라도 스마트폰 때문에 고민이 많고, 그래서 여러 연구를 하고 있는 상황입니다. 그 와중에 우리나라가 두드러질 수밖에 없는 이유가 있습니다. 미국의 시장조사 기관인 퓨 리서치 (Pew Research)가 세계 27개 국가를 대상으로 조사한 결과, 스마트폰을 사용하는 인구 비율이 가장 높은 국가는 우리나라였습니다.[06] 이 조사에 의하면 우리나라 휴대전화 보급률은 100%로, 이 가운데 스마트폰이 95%를 차지했습니다. 이는 선진국들의 중간 값인 76%

보다 20% 포인트 가량 높은 수치입니다. 그만큼 스마트폰이 우리 일상에 깊이 파고들어가 있다는 얘기입니다. 세계에서 스마트폰을 가장 많이 파는 회사가 있는 나라는 거의 전 국민이 스마트폰을 쓴다고 해도 무방한 스마트폰 보급률을 자랑합니다. 이런 보급률이 반가운 소식만 주는 것은 아닙니다. 스팸 알림도 날아오고 악성 바이러스도 전파합니다. 보급률이 높다는 것은 쓰는 사람이 많아진다는 뜻이고, 이에 따른 부작용도 커진다는 의미입니다.

여성이 스마트폰에 더 빠지기 쉽다

아니나 다를까 스마트폰에 지나치게 의존하거나 중독되는 비율도 함께 높아지고 있습니다. 이는 통계에도 드러납니다. 여성가족부가 전국 학령 전환기(초등 4년, 중등 1년, 고등 1년) 청소년 128만여 명을 대상으로 '2019년 인터넷·스마트폰 이용습관 진단조사'를 실시해 결과를 발표했습니다. 조사결과에 의하면 스마트폰이나 인터넷 중 하나 이상에서 과의존 위험군 진단을 받은 청소년은 20만 6,102명이었습니다. 두 가지 모두 과의존 양상을 보인 청소년도 7만 1,912명이었습니다. 더 큰 문제는 과의존 청소년이 이전보다 증가했고, 초등 4학년은 앞선 3년간 과의존 위험군 수가 꾸준히 늘고 있다는 것입니다.

성별 차이도 드러나 여자 청소년의 과의존 증가가 두드러졌습니다. 초등 4학년은 남자 청소년의 과의존 정도가 높았지만 중·고등 시기에는 여자 청소년이 더 두드러졌습니다. 가톨릭대학교 김대진 교수 중독 연구팀(이하 김대진 교수 연구팀)이 2014년 발표한 논문은 여성이 남성보다 스마트폰에 중독될 위험이 크다고 말합니다. 성인 4,854명을 대상으로 온라인 조사결과에 의하면, 여성의 스마트폰 중독률은 17.9%로 남성(9.4%)보다 1.9배 높았습니다. 연구팀은 논문에서 여성이 남성보다 중독률이 높은 것은 의사소통과 사회적 관계 형성을 위해 스마트폰을 사용하는 빈도가 남성보다 더 자주 있기 때문이라고 분석했습니다.

아주대학교 장재연 교수팀이 2016년 발표한 논문도 비슷한 연구 결과를 내놓았습니다. 수원 시내 6개 대학 1,236명을 대상으로 스마트폰 의존도와 불안감을 측정·분석한 이 논문은 여성의 52%가 하루 4시간 이상 스마트폰을 사용해 남성(29.4%)보다 높았고, 6시간 이상 사용자도 여성(22.9%)이 남성(10.8%)보다 높았습니다. 물론 스마트폰 사용시간이 길다고 여성이 스마트폰 과의존이나 중독에 취약하다고 단정 짓는 것은 아닙니다. 사회역학 연구가 덧붙여져야 하겠지만, 다양한 사회 환경 요인이 가미되어 있을 것으로 예상합니다. 이러한 것들이 스마트폰을 좀 더 면밀하게 살펴봐야 할 이유를 제공하고 있습니다. 이처럼 스마트폰은 여러 면에서 이전과 이후를 가르는 변곡점이 되고 있습니다.

종이 대신 스마트폰으로 글쓰기 과제를?

스마트폰이 '컴맹'을 낳고 있다는 학교의 제보(?)도 있습니다. 한 초등학교 국어 시간에 소설 쓰기 수업이 있었습니다. 그런데 수업이 끝날 때까지 아무도 과제를 제출하지 못했습니다. 선생님은 '아이들에게 소설 쓰기가 어려웠나보다' 지레짐작했습니다. 아이들에게 쉽게 써보라고 말했지만 전혀 예상하지 못한 답변이 튀어나왔습니다. "데스크톱 컴퓨터는 느려서 못 쓰겠어요. 그냥 핸드폰으로 쓰면 안 돼요?" 어떻게 그것이 가능한지 반신반의했던 선생님은 학생들에게 스마트폰을 나눠줬습니다. 그리고 20분 뒤, 반 학생 모두 카카오톡으로 소설 과제를 제출했습니다.[07]

스마트폰과 함께 자란 세대는 데스크톱 컴퓨터가 익숙하지 않습니다. 스마트폰이 모든 것을 블랙홀처럼 빨아들인 지금, 과거 컴퓨터로 했던 것들 대부분이 스마트폰으로 가능합니다. 아이들이 PC 자판보다 스마트폰을 사용할 때 문자 입력 속도가 더 빠른 것은 어쩌면 당연합니다. 신들린 듯 스마트폰 자판을 누르는 아이들을 본 경험도 있을 겁니다.

문제는 스마트폰에 익숙해진 만큼 그에 따른 부작용이 점점 커지고 있다는 점입니다. 유튜브, SNS, 게임 등에 빠져든 아이들은 한시도 스마트폰을 놓지 않습니다. 유튜브 크리에이터나 BJ(Broadcasting Jockey, 인터넷방송 진행자) 등은 아이들이 선망하는 직업군이기도 합니다. 이들뿐 아니라 사각의 프레임이 제공하는 세계는 너무나 광활하고 화려합니다. 손가락 하나로 그 모든 것을 섭렵하면서 재미와 자극을 경험할 수 있습니다. 그러니 아이들이 스마트폰을 내려놓으려야 놓을 수 없습니다. 자신의 의지로 스마트폰을 떼어놓는 건 거의 불가능합니다.

앞선 여성가족부 조사결과를 보면 과의존위험군은 '주의사용자군'과 '위험사용자군'으로 나뉩니다. 주의사용자군은 인터넷이나 스마트폰 사용시간이 점점 늘어나고 자기조절에 어려움이 있어 주의가 필요한 단계입니다. 위험사용자군은 이보다 더 나아가 일상생활에서 심각한 장애를 겪고 금단 현상이 나타나 전문가의 도움이 필요한 수준을 말합니다. 이처럼 위험 단계별로 다양한 증상이 나타나고, 정서 건강에도 악영향을 미치고 있습니다.

우울, 불안, 분노 등
아이들의 부정적 정서가 증가하고 있다

스마트폰에 과도하게 집착한 결과의 부작용은 이미 사회문제로 등장했습니다. 우울증, 주의력결핍, 과잉행동장애 등 공존질환을 비롯하여 무기력, 정서 불안 등 다양한 부정적 정서가 강화되는 현상을 우리는 목격하고 있습니다. 주의군이나 위험군이 아니라도 스마트폰을 집에 놓고 밖에 나오거나 잃어버릴 경우, 불안해하는 현대인의 모습을 흔하게 볼 수 있습니다. 그 모습이 바로 내 자신이기도 합니다. 눈과 손이 잠시라도 스마트폰에서 분리되면 불안하고,

스마트폰은 친구를 대신할 수 있을까?

그래서 약간 과장하면 스마트폰의 일부가 된 우리의 모습을 어떻게 봐야 할까요. 마주앉아서도 각자 스마트폰에 집중하는 풍경이 바람직한 것일까요.

2007년 아이폰을 세상에 처음 선보인 날, 스티브 잡스는 지금과 같은 '스마트폰 블랙홀' 현상을 기대하거나 예상하지 않았습니다.[08] 그날 그는 아이폰이 터치 기술을 어떻게 극대화하고, 오래된 통화 방식을 어떻게 바꿨는지 설명했습니다. 아이폰에 대한 잡스의 비전은 사람들이 더 단순하고 제한적인 방식으로 아이폰을 경험하는 것이었습니다. 그래서 아이폰이 아이팟에서 통화, 음악, 길 찾기 등을 도와주는 기기 정도로 사용되길 바랐습니다. 사용자의 일상을 완전히 바꿔놓는 건 생각하지도 않았습니다. 그저 아이폰을 통해 일상의 중요한 경험을 더 좋은 방향으로 만들기를 원했습니다. 하지만 스마트폰은 그가 처음 생각한 비전과 다른 방향으로 튀었습니다. 스마트폰은 아침부터 밤까지 쉴 새 없이 반짝이면서 사용자의 주의를 끄는 '쉼 없는 동반자(constant companions)'가 되었습니다. 그러면서 스마트폰은 중요한 일을 잘 할 수 있도록 해주는 것이 아니라 중요하다고 생각하는 일 자체를 바꿨습니다. 꼬리가 몸통을 흔든 격입니다.

스마트폰은 점점 더 깊이 생활 전반을 뒤흔들면서 강력한 자기장으로 아이들을 휘어잡고 있습니다. 아이들은 스마트폰을 '가장 친한 친구' '스트레스 해방구'라고 말합니다. 물론 외로운 아이들에게 스마트폰은 친구가 될 수 있습니다. 또 어른이나 사회로부터 받는 스트레스에서 벗어나는 해방구 역할도 할 수 있습니다. 스마트폰이 제공할 수 있는 긍정적 기능을 무시하거나 외면하자는 것은 결코 아닙니다.

그럼에도 스마트폰을 과도하게 사용하고 의존하면서 아이들의 건강, 특히 정서건강에 미치는 악영향을 방치해서도 안 될 일입니다. 어른들이 만들어놓은 세상에서 상처 입고, 갈 곳을 잃은 아이들에게 스마트폰은 안식처 이상이 될 수 있습니다. 하지만 그런 와중에 아이들의 뇌는 가야 할 이정표를 잃고, 마음은 더 큰 상처를 입을 수 있습니다. 이제, 사각의 프레임에 갇힌 아이들을 세상 밖으로 꺼내야 할 때입니다. 화면 안에서 화면 밖으로 다시, 아이들을 구해야 할 때입니다. ❧

집과 교실에서 한순간도 쉬지 않는다

"우리 아이가 달라졌어요. 원래는 게임도 하지 않고 공부를 잘
하는 아이였는데, 스마트폰 게임을 접하고는 거기에 빠져 살
아요. 공부는 뒷전이고 말을 건네도 짧게 대답하고는 스마트
폰만 보고 있어요."

이런 하소연이 남의 일 같지 않습니다. 아이는 스마트폰을 알게 된
순간, 새로운 세계를 열어젖힙니다. 스마트폰은 두 팔 벌려 환영합
니다. 웰컴 투 스마트 월드. 그 신기하고 신비로운 세계는 아이들의
모든 신경을 앗아가 버립니다. 스마트폰은 그야말로 지상의 블랙
홀입니다. 손안에 펼쳐진 스크린을 통해 게임, 인터넷, 메신저, 카메
라, 쇼핑, 전화, 문자 등 거의 모든 것이 가능합니다. 어떤 아이가 여
기서 자유로울 수 있을까요. 쉽사리 손에서 스마트폰을 놓을 수 없
는 것은 당연합니다.

하지만 이런 스마트폰 때문에 집과 학교에서 티격태격하는 모습은 일상이 됐습니다. 스마트폰을 어떻게든 놓지 않으려는 아이와 어떻게든 분리하려는 어른 사이에 스마트폰(을 둘러싼) 전쟁은 이미 진행 중입니다. 그나마 학교에서는 일과 중 스마트폰 사용이 자유롭지 못한 경우가 많습니다. 많은 학교가 학생생활 규정 등 교칙을 통해 휴대전화 소지와 사용을 금합니다. 등교할 때 휴대전화를 수거해 보관했다가 하교할 때 돌려주는 방식이 가장 흔합니다. 급한 필요가 있을 경우 이를 확인한 뒤 사용하게 합니다. 물론 학교 재량에 따라 휴대전화 수거 여부를 결정하기 때문에 휴대전화 소지를 허용하는 학교도 있습니다.

교과시간 중 스마트폰 사용을 금하는 이유는 분명합니다. 수업에 지장을 주기 때문입니다. 또 다른 학생에게 피해를 주고 감염효과가 크기 때문입니다. 스마트폰을 쥔 아이들에게 수업은 뒷전입니다. 스마트폰에 모든 신경세포가 몰립니다. 선생님 이야기는 뒷전이고, 교실에서 유체이탈을 하기 일쑤입니다.

그렇다고 스마트폰 사용을 금하는 것도 해결책은 아닙니다. 2019년 6월 국가인권위원회(이하 인권위)는 학교가 학생들의 휴대전화를 수거하는 행위는 인권침해라고 판단을 내렸습니다.[09] 인천에 한 중학교는 일과 중 교내에서 휴대전화 소지와 사용을 금지하는 학생생활 규정이 있었습니다. 학생이 휴대전화를 갖고 등교하면 담임교사가 보관했다가 하교할 때 돌려주는 방식이었습니다. 만약 휴대전화를 제출하지 않았다가 걸리면 압수당했습니다. 이런 일괄 수거는 학생과 학부모 의견을 수렴한 결과였습니다. 그러나 인권위는 휴대전화 일괄 수거를 헌법 제10조 행복추구권의 구체적인 표현으로 '일반적인 행동자유권'과 제18조 통신의 자유를 침해한 행위라고 봤습니다. 이에 휴대전화 소지·사용을 막는 행위를 중단하고, 학생을 포함한 전체 학교 구성원들의 의견수렴을 거쳐 학생 생활 규정을 개정하라고 권고했습니다. 경기도에 있는 한 고등학교의 교사에게 이에 대해 어떻게 생각하는지 물었습니다.

"인권위 권고도 '학생 인권'이라는 측면에서 이해가 가지만, 교과 시간에 스마트폰 사용을 허용하는 학교 현장을 직접 경험했다면 다른 판단 근거가 생길 수도 있다고 생각해요. 인권위 권고 이후 경기도 교육청에서 학교 자율적으로 (스마트폰 수거 여부 등을) 결정하라는 공문이 왔어요. 우리 학교는 계속 수거를 하면서 교과 시간 중 스마트폰 사용을 금하고 있지만, 이런 인권 침해 진정과 권고는 이어질 것 같아요. 학생과 교사 등이 숙의와 토론을 거쳐 합의하되, 이를 어길 때 합의를 통해 정한 일벌백계를 행하면 어떨까 싶어요."

부모와 아이는 매일 스마트폰 전쟁 중

스마트폰 사용 문제는 학교에서보다 집에서 더 심각합니다. 그나마 교칙과 규정 때문에 행동에 강력한 제약을 받는 학교보다 집은 상대적으로 자유롭습니다. 부모가 집에 없으면 온통 스마트폰 세상입니다. 또 양육 스타일에 따라 스마트폰을 대하는 태도 또한 천차만별입니다. 스마트폰이 자녀에게 흘러가는 경로도 정형화돼 있습니다. 언제부터인가 많은 양육자가 성적을 놓고 자녀와 흥정을 합니다. 스마트폰은 빠지지 않는 흥정 물품입니다. 등수, 점수 등을 정해놓고 그 이상을 받아오면 스마트폰이 선물처럼 주어집니다. 입시 경쟁이 빚은 또 하나의 산물입니다. 그렇게 손에 쥔 스마트폰은 갈등의 도화선이 되기 일쑤입니다.

스마트폰 사용을 둘러싼 전쟁은 그렇게 시작합니다. 양육자에 의한 일방적 선언이든, 양육자와 아이 사이의 합의든 스마트폰 사용 시간 등에 대한 약속이 있지만, 금세 서로의 주장이 엇갈립니다. '시간을 지켰네, 아니네' '스마트폰 과사용이네, 아니네' 등을 놓고 대화는 언감생심, 말다툼으로 번지기 다반사입니다. 아예 대화를 단절하는 경우도 생깁니다. 이런 양육자의 말에 공감하는 분도 있을 겁니다.

"스마트폰 게임을 할 때는 대답을 하지 않거나 단답형으로만 끝내요. 온통 거기에만 신경을 쓰고 있는 거죠. 게임을 끝내기 전까지 같이 식사도 못해요. 힘들게 식탁에 데리고 와도 스마트폰만 바라보는 경우도 있어요. 함께 식사할 때는 대화도 하고 눈도 마주쳐야 하는데, 아이가 스마트폰만 바라보고 있으면 화가 나고 무시당하는 느낌이에요. 어떻게 해야 할지 모르겠어요."

그러나 아이의 입장은 다릅니다.

"제가 특별히 더 많이 사용하는 건 아니에요. 친구들도 다 이 정도는 해요. 부모님의 스마트폰 통제가 너무 지나친 거 같아요."

아이가 자신 있다고 큰소리를 친다면 양육자는 그렇게 믿고 싶고, 또 믿을 수밖에 없습니다. 하지만 스마트폰을 과소평가해서는 안 됩니다. 앞서도 말했지만 스마트폰은 '블랙홀'입니다. 다른 전자기기 기능이 스마트폰에 모두 장착돼 있다는 것 외에도 한 사람의 모든 관심을 스마트폰에만 쏟게 만든다는 점에서도 블랙홀과 다름없습니다. 사용할수록 자제하기가 힘든 것이 스마트폰입니다. 어른도 그럴진대 아이는 더할 나위 없습니다.

운동장 대신 스마트폰을 선택하는 아이들

프랑스는 이에 칼을 빼들었습니다. 2018년 9월부터 초중학생들이 학교에서 아예 스마트폰을 사용하지 못하게 만들었습니다.[10] 2010년부터 수업 중에 스마트폰을 쓰지 못하도록 한 데 이어 쉬는 시간이나 점심시간까지 학교에서 아예 스마트폰 사용을 금하는 법안이 통과됐습니다. 스마트폰 외에도 태블릿PC, 무선장치 등도 포함됐습니다. 다만 장애학생 지도, 특별 외부활동 등에만 예외를 인정했습니다. 장미셸 블랑케 프랑스 교육부 장관은 이렇게 말했습니다. "쉬는 시간에도 학생들이 축구나 운동장에서 뛰어놀지 않습니다. 대신 스마트폰을 보느라 바쁘죠. 교육적인 측면에서 정말 문제입니다."

디지털 기기는
한 사람의 모든 관심을 빨아들인다.

단 한순간도 스마트폰을 쉬지 않으려는 아이들을 강제로라도 쉬게 해주려는 노력을 프랑스만 하는 건 아닙니다. 대만도 2015년 2세 이하 영유아의 전자기기 사용을 금지한 것은 물론, 18세 미만이 전자기기 과사용 시 보호자가 벌금 5만 대만 달러(한화 약 175만원)를 내는 법안이 만들어졌습니다.[11]

이렇게 국가 차원에서 스마트폰 사용에 제약을 가하는가 하면, 특정 학교는 스마트폰 등 전자기기 사용을 금합니다. 대표적인 곳이 발도르프(Waldorf)[12] 학교입니다. 미국 내 발도르프 학교는 창의적 사고, 교류, 주의력 등을 훼손한다는 이유로 컴퓨터를 구비하지 않고, 스마트폰 등 일체의 디지털 기기를 학교에 가져오지 못하게 합니다.[13]

그렇다면 왜 그렇게 해야 했을까요? 스마트폰이 내뿜는 자기장이 얼마나 강력한지 알기 때문입니다. 사각의 프레임은 마성 그 자체입니다. 아이들에게 그런 스마트폰을 쥐어준다면 단단히 매달려 있을 수밖에 없습니다. 손가락 끝으로 모든 것을 불러내고 모든 것을 해결하고자 합니다. '리얼 월드'가 아닌 사각형의 프레임 안에서 말입니다. 아이들과 눈을 맞추며 대화를 하고 싶지만, 아이들의 신경은 온통 스마트폰을 향해 있습니다. 섭섭하고 화도 나지만 어찌해야 할지 방법을 모르겠습니다. 한 집에 있으면서도 서로 얼굴도 보지 않고, 스마트폰에 깔린 메신저 앱을 통해서 대화하는 세태. 과연 무엇이 문제일까요? ✑

공부도 우정도 터치 하나로 끝낸다?

"온라인에서는 얼마든지 내가 원하는 사람이 될 수 있어요. 꿈 꾸던 여행지에서 나를 더 멋지게 보일 수도 있고, 평소에는 말을 걸지 않았을 사람과도 이야기를 나눌 수 있어요. 아무도 나에게 관심 없거나 재미가 없으면 그냥 빠져나오면 되니깐 여기만큼 편한 곳도 없어요."

자, 아이들과 함께 여행을 간다고 가정해봅시다. 지도를 펴놓고 이나라, 저 나라, 이곳저곳을 찍으면서 상상의 나래를 펼칩니다. 여긴 어떻고, 저긴 저렇고, 여기 음식은 이러하고, 저기 음식은 저러합니다. 여긴 이래서 좋고, 저긴 저래서 좋습니다. 아, 고민입니다. 마음 같아서야 모두 가고 싶습니다. 이러지도 저러지도 못하지만 행복한 고민입니다. 여행 책도 참고하면서 마음은 이미 비행기를 탔습니다. 아직 발걸음을 떼지도 않았는데 마음은 두둥실 창공을 날고 있습니다. 그러고 보니 여행가 한비야 씨는 '지도 밖으로 행군하라'

고 말했습니다. 김현수 정신과전문의도 여행이 청소년들에게 "종합학습이자, 생존을 위한 진화론적 학습"이라고 했습니다.[14]

하지만 아이들 손에 스마트폰이 쥐어진 이후 여행은 빛깔을 달리하고 있습니다. 발걸음을 떼기 전부터 설렘을 안겼지만, 여행지 후보를 꼽는 일부터 시시해졌습니다. 아이들이 바라는 여행지 후보가 바뀌었다고 합니다. 더 이상 가장 멋지고 좋은 곳을 찾지 않습니다. 과장도 있겠지만 와이파이 잘 터지는 곳이 아이들이 바라는 여행지입니다. 또 직접 체험 위주의 여행은 갈수록 성가신 활동이 되고 있습니다. 이미 유튜브와 구글에 있기 때문입니다.[15] 기껏 여행을 가도 지도 위 어느 곳에 자신이 있었는지 알고 싶지 않습니다. 요란한 인증샷과 티켓 모음, 간단한 소감으로 끝나기 일쑤입니다. 스크린에 담아 SNS에 올릴 풍경 사진으로 끝날 뿐 마음의 풍경을 끌어내진 못합니다.

다른 삶과 공간에 대한 호기심과 궁금증이 인간에 대한 이해의 다양성을 높여주건만, 우리 아이들은 이런 감각을 잃었습니다. 스크린만 켜면 열리는 사각형의 세상 덕분일 겁니다.

'인싸'를 위해 터치, 터치, 터치

클릭과 터치만으로 모든 세상의 문이 열린다고 생각하는 아이들이 늘고 있습니다. 가지 않아도, 밟지 않아도, 경험하지 않아도, 대면하지 않아도 세상을 배울 수 있다고 여깁니다. 공부도, 우정도, 사랑도 마찬가지입니다. 어디서나 전자기기 사용이 늘어나다보니 컴퓨터나 패드, 스마트폰 등을 통한 학습에 익숙해지고 있습니다. 학습지를 풀더라도 과거와 같은 종이 사용은 거의 사라지고 있습니다. 전자기기가 종이를 대체하고 있습니다.

때문에 아이들은 스마트폰이 없으면 불안하고 힘듭니다. 당장 지금, 내가 원하는 것을 할 수 없기 때문입니다. 그리고 자신이 없는 온라인 세상에서 무슨 일이 벌어지고 있는지, 자신이 '왕따(아싸=아웃사이더)' 당하고 있는 것은 아닌지 불안해합니다. '인싸(인사이더)'에 대한 열망이 큰 아이들에게 스마트폰은 자신을 세상과 연결시켜주는 통로입니다. 우정도 서로 지지고 볶고 부대끼는 과정에서 발생하는 관계의 축적물이 아닙니다. 클릭과 터치로 '좋아요'를 눌러줘야 우정도 생기고 유지할 수 있습니다. '좋아요'를 눌러주고 '인싸'를 유지해야 우정도 싹틉니다. 그래서 '페친(페이스북 친구)' '인친(인스타그램 친구)' 등이 얼마나 많은지에 몰두합니다.

친구는 지천에 널렸습니다. 스마트폰만 있으면 이 모든 친구들과 연결될 수 있습니다. 친구를 맺기 위해 필요한 것은 '터치' 한 번입니다. 흥미롭게도 이 관계를 끊을 때도 필요한 것이 '터치' 한 번이라는 것입니다. 우정(친구)의 맺고 끊음이 간결하고 단순합니다. 터치 한 번으로 친구가 되고, 터치 한 번으로 친구가 아닐 수 있는 관계가 사각의 프레임에서는 가능합니다. 이것은 사랑이라고 다르지 않습니다.

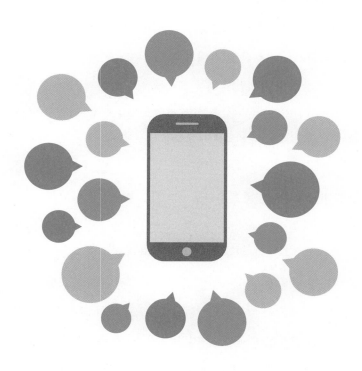

스마트폰 안에서는
누구와도, 어떤 대화라도 가능하다?

손에 쥔 스마트폰 안에서 모든 관계를 해결하는 건 쉬운 일입니다. 감정 소비나 에너지 낭비를 줄일 수도 있습니다. 굳이 껄끄러운 상대의 얼굴과 마음을 눈앞에서 확인하지 않아도 되는 편리함이 있습니다. 마음 근육이 상대적으로 덜 발달한 탓에 아이들은 손쉬운 방법을 택하고픈 유혹을 이겨내기 어렵습니다. 관계 역시 생로병사를 겪고, 풍랑을 겪으면서 더욱 단단해질 수 있다는 사실을 체득하기에는 경험치가 너무 짧습니다. 스마트폰을 통한 연결도 너무 많아서 관계의 부족함도 느끼지 못합니다.

초연결 시대, 우리는 정말 연결되고 있을까?

흔히 요즘 '초연결(hyper-connected)'[16] 사회라고 합니다. 첨단 정보기술을 활용해 모든 사물과 사람이 연결되면서 개인을 둘러싼 네트워크가 점점 더 촘촘해지는 것을 뜻합니다. 그런데 과연 그럴까요? 우리, 정말 연결되어 있을까요? 당장 카카오톡이나 SNS에서 맺은 친구 목록을 봅시다. 아무 일 없이 만날 수 있는, 혹은 어려운 일이 생겼을 때 불러낼 수 있는 관계는 얼마나 있을까요? 물론 느슨한 관계도 좋습니다. 꼭 끈적끈적하게 밀착된 관계만 진짜 관계라고 말하는 것은 아닙니다. 하지만 그 연결에는 편리함이 주는 가짜 관계, 가짜 배움이 넘칩니다. 공부나 관계를 클릭이나 터치 한 번으로 해결할 수 있다는 것은 과대망상(?)입니다. 초연결은 어찌 보면 과잉연결입니다.

20세기 영국 소설가인 E. M. 포스터는 《하워즈 엔드》 머리말에 "오직 연결하라"고 썼습니다. 이는 포스터 문학의 모토로 오늘날까지 널리 회자됩니다. 하지만 정작 소년 시절 포스터는 세상과 부드럽게 연결되지 못했습니다. 학창시절, 같은 반 동기들에게 괴롭힘을 당하고 변태성욕자에게 추행당한 사건도 겪었습니다. 이에 포스터는 이런 슬픈 혼잣말을 남겼습니다. "나는 용감해지느니 겁쟁이가 되겠다. 왜냐하면 용감하면 사람들이 나를 해치려 하니까."

어쩌면, 지금 스마트폰이나 전자기기에 영혼을 욱여 놓으면서 클릭과 터치로 모든 것을 해결하려는 아이들도 소년 포스터의 심정인지도 모르겠습니다. ✾

스티브 잡스는 왜
자녀의 스마트폰 사용을 금했을까?

"당신의 아이들도 아이패드에 열광하죠?"

"아이들은 집에서 그것을 사용하지 않습니다. 집에서는 아이들이 전자기기를 사용하는 것을 엄격히 제한하고 있습니다."

아이폰, 아이패드의 아버지였지만 스티브 잡스는 자신이 만든 제품을 아이들이 함부로 사용하지 못하게 했습니다.[17] 다소 의외입니다. 많은 경우 아버지는 자신이 만든 제품을 아이들에게도 사용해 보도록 권합니다. 더구나 아이폰과 아이패드는 전 세계가 열광하는 제품입니다. 그런데도 잡스는 아이들이 집에서 전자기기를 가까이 하지 않는 환경을 만들었습니다. 잡스의 전기 《스티브 잡스》를 집필한 월터 아이작슨도 같은 맥락의 이야기를 건넵니다.

"잡스는 매일 저녁 부엌에 있는 긴 식탁에 아이들과 둘러앉아 저녁 식사를 하면서 책과 역사를 토론하는 등 다양한 것들에 대한 이야기를 나눴습니다. 이 자리에서 아무도 아이패드나 컴퓨터를 꺼내지 않았고, 잡스의 아이들은 디지털 기기에 중독되지 않았습니다."

잡스가 지금도 살아 있다고 가정하고 그의 사무실이나 집 안 개인 공간을 상상해봅니다. 모르긴 몰라도 터치스크린과 센서, 아이패드, 아이폰, AI 등 최첨단 기술이 공간을 채우고 있을 것 같습니다. 잡스는 홀로그램이나 모니터를 통해 분주하게 움직이며 과업을 지시하고 일을 수행합니다. 하지만 우리가 생각할 수 있는 이런 상상은 틀린 것이었나 봅니다.

'스마트폰 블랙홀'은 잡스의 집 앞에서 멈췄습니다. 세계 모든 곳으로 뻗어가고 있는 스마트폰도 잡스의 집에서는 힘을 쓰지 못했습니다. 아이러니한 일입니다. 잡스는 전 세계가 사용하는 기술을 만든 사람이지만, 이 기술을 과도하게 사용할 경우 그 위험 또한 알고 있던 것 같습니다.

내 아이만은 디지털에 빠지면 안 된다?

물론 이것은 잡스에게만 해당하는 것은 아닙니다. 첨단 기술과 전자기기, 어플리케이션 등을 만든 실리콘밸리의 IT 기업가들에게는 일반적인 일입니다. 이들은 스마트폰을 포함한 각종 전자기기와 어플리케이션 남용이 아이들에게 위험하다는 것을 알고 있습니다. 때문에 이들 대부분은 자신의 자녀가 스마트폰, 패드, 태블릿, 컴퓨터 등을 사용하는 것을 엄격하게 제한합니다.

빌 게이츠도 그러했습니다. 그는 아이가 14살이 될 때까지 휴대전화 사용을 금했습니다. 특히 식탁에서 휴대전화를 사용하거나 봐서는 안 된다는 가정 내 준칙을 만들었습니다. 취침 전까지 전자기기를 사용할 수 있는 시간을 제한한 것은 당연했습니다. 딸이 비디오 게임에 빠지기 시작하자, 그가 딸에게 모자를 씌워 게임을 방해한 에피소드는 유명합니다. 그는 전자기기가 줄 수 있는 중독성의 위험을 일찍 간파한 것입니다. 하지만 그의 자녀는 그런 아빠가 마뜩하지 않았을 겁니다. 그래서 자신과 달리 친구들은 휴대전화를 자유로이 사용한다며 불만을 표했다는 얘기도 있습니다.[18] 그럼에도 게이츠는 밀고 나가며 이런 말을 남겼습니다.

"아이가 불만을 표했지만 IT기기 사용 규칙에 변화를 주지 않았습니다. 온라인 안전은 부모에게 아주 까다로운 문제입니다."

기술 분야에서 높은 자리에 있는 사람들에게 이런 접근은 흔합니다. 미국 IT전문매체 '와이어드(Wired)'의 전 편집장이자 드론 제조사인 3D 로보틱스(3D Robotics) 공동 창립자인 크리스 앤더슨도 엄격한 규칙을 아이들에게 적용했습니다.[19] 그는 13세 이전까지 SNS를 허용하지 않았고, 고등학생이 되기 전에 스마트폰 사용을 금지했습니다. 또 침실에서 전자기기를 사용하지 못하도록 했습니다. 스마트폰 등 전자기기에 대한 제한을 두지 않으면, 아이들은 전자기기를 무제한으로 사용할 것이라고 생각했기 때문입니다. 앤더슨은

특히 전자기기는 사탕이 아니라 마약(코카인)이라며 이런 말을 남기기도 했습니다.

"나는 기술의 위험을 직접 보았고, 과거 중독에 빠졌던 나 자신도 보았습니다. 그래서 내 아이들에게는 그런 일이 일어나지 않기를 진심으로 원합니다."

트위터 공동 창업자인 이완 윌리엄스도 다르지 않습니다. 자신의 아이들이 아이패드보다 책을 보면서 성장하기를 바라는 그는 집 안에 전자기기 대신 수백 권의 책을 진열해 놓았습니다.

디지털의 무서운 중독성

이들은 왜 이렇게 할까요? 더구나 스마트폰 등과 밀접한 사업을 통해 성공을 거둔 사람들이면서 말입니다. 미국 경제매체 〈비즈니스 인사이더〉가 내놓은 진단은 이렇습니다. "부유한 IT기업 임원이 자녀의 IT기기 사용을 통제하는 이유는 중독성 때문입니다."

〈비즈니스 인사이더〉는 차마스 파리하피티야 페이스북 전 부사장과의 인터뷰를 통해 이렇게 전합니다.

"페이스북은 도파민에 의해 작동하는 단기 피드백 순환고리입니다. 인지하지 못하지만 여러분의 행동은 프로그램 되고 있으니, 여러분이 즐겨 찾는 소셜미디어를 중단하세요. 저는 지난 몇 년간 단 몇 차례만 페이스북에 글을 올렸으며 아이들에게는 절대 사용하지 못하게 합니다."

그는 죄책감을 느끼고 있다고도 말했습니다.[20] 이에 앞서 음원 공유 사이트 '냅스터' 설립자이자 페이스북 초기 투자자인 숀 파커도 페이스북의 위험성을 이렇게 지적했습니다.

"소셜미디어는 사실 이상한 방법으로 생산성에 영향을 미치고 있으며, 인간 심리의 취약성을 착취하고 있습니다."

이렇듯 스마트폰 사용, 특히 SNS에 대한 부정적인 이야기는 차고 넘칩니다. 마냥 근거가 없는 것도 아니지만, 그렇다고 과학적으로 명확하게 밝혀진 부분도 아닙니다. 그럼에도 잡스를 비롯해 IT업계 명망가들이 자신의 아이들에게 스마트폰을 가급적 늦게, 그리고 사용을 제한했던 이유는 분명 있습니다. 심리학자 애덤 알터는 자신의 책《멈추지 못하는 사람들》에서 이렇게 말했습니다.

"기술 제품을 생산하는 사람들은 마약 거래의 중요한 규칙인 '자신의 상품에 취하지 말 것'을 따르는 것처럼 보였습니다."

애덤 알터의 이야기도 같은 맥락입니다. 마약을 판다면 마약에 취하지 말고, 스마트폰을 판다면 스마트폰에 중독되지 말라는 것. 알터는 더 나아가 테드(TED) 강연을 통해 '전자기기 화면이 우리를 덜 행복하게 만드는 이유(Why our screens make us less happy)'[21]를 말합니다. 알터에 의하면, 2007년 아이폰이 탄생했을 때와 지금을 비교할 때 수면시간이나 근무시간은 비슷하나 스마트폰 보는 시간만 크게 늘었습니다. 독서나 건강 등 기분이 좋아지는 어플리케이션 사용에는 고작 하루 9분을 쓰면서 게임과 SNS, 웹 서핑 등 기분이 나빠지는 어플리케이션에는 27분을 쓰고 있다고 합니다. 그는 전자기기 화면이 우리에게서 얼마나 많은 시간을 빼앗는지, 스마트폰, 태블릿, 컴퓨터 등을 들여다보는 시간이 왜 우리를 비참하게 만드는지 등을 말합니다.

잡스가 왜 자녀들에게 스마트폰 사용을 금지했는지 고개가 끄덕여집니다. 애플 제품의 디자인 완성도를 높였던 최고디자인책임자(CDO) 조너선 이브가 했던 말도 기억에 남습니다.

"아이폰(스마트폰)의 지속적인 사용은 '오용'입니다." �

십대들이 스마트폰에 빠지는 이유

'오늘도 스마트폰 때문에 딸과 전쟁을 치렀다. 오늘은 작정하고 와이파이도 껐는데 그게 발단이었다. 학교에선 그나마 스마트폰을 수거하는 바람에 쓰지 않는다지만 집에 오면 오로지 스마트폰만 바라본다. 왜 이토록 스마트폰에 빠져 있는 것일까. 스마트폰 때문에 가족들과 제대로 얼굴 보며 대화를 한 지도 오래된 것 같다.'

스마트폰과 같은 첨단 기술을 낳은 실리콘밸리 등에 있는 기업가들이 자녀의 스마트폰 사용을 제한한다는 사실은 흥미롭습니다. 스마트폰과 같은 디지털 기기에 뭔가 문제가 있지 않는 한 그럴 이유가 없습니다. 그렇지 않다면 잡스를 비롯한 유명인들이 강력하게 자신의 아이들에게 전자기기 사용을 금지할 이유가 없습니다. 스마트폰은 무엇보다 강력한 중독성을 지니고 있습니다. 아이들이 한시도 눈에서 떼지 않으려는 이유가 있습니다. 생각을 멈추게 하는 대신 끊임없이 시선을 자극합니다. 작은 화면에 아이들을 가두는 셈입니다. 스마트폰을 놓지 않으려는 아이들에게 물어보면 열이면 열, 이렇게 답합니다.

"너무 재밌어요. (손에서) 놓을 수가 없어요."

물론 이것도 시간이 지나면 재미가 아닌 관성에 의해 놓을 수 없는 상황으로 발전합니다. 미국 소아과학회(AAP·American Academy of Pediatrics)[22]는 이런 상황을 파악하고 일찌감치 아이의 스마트폰 사용을 제한하라고 권고합니다. AAP에 의하면 18개월 이하 영유아(취학 전 아동)는 스마트폰 등 스크린 미디어를 이용하지 않아야 합니다. 만 18~24개월 영유아에게 스마트폰 등을 접하게 하려면 가급적 좋은 영상물을 보여주되 부모가 함께 봐야 합니다. 그리고 만 2~5세 아이는 하루 1시간 이내로 시청을 제한하고, 만 6세 이상에게는 미디어 이용 시간과 종류를 제한하면서 적절한 수면과 신체활동 등이 방해받지 않도록 유의하라는 것이 AAP 권고입니다. AAP는 초등학생부터 고등학생 역시 스마트폰 등을 접하는 시간 때문에 학습·운동·사회활동에 지장이 없도록 해야 한다고 권장합니다. 이를 위해 AAP는 웹사이트를 따로 만들어 부모의 미디어 시간 제한의 이해를 돕게 했습니다.[23]

AAP가 내놓은 권고가 스마트폰만 다룬 것은 아니었습니다. TV, 컴퓨터(노트북 포함), 태블릿 등을 구분하지 않았지만, 아이들이 가장 쉽고 편하게 접할 수 있는 스크린이 스마트폰임을 감안하면, AAP의 권고가 어디에 집중하고 있는지 짐작할 수 있습니다.

휴대폰을 갖는 연령이 점점 낮아지고 있다

처음 휴대폰을 갖는 나이도 점점 빨라지고 있습니다. 한 시장조사 기관에 의하면 2016년 기준, 생애 첫 휴대폰을 갖는 아이의 평균 나이는 열 살이었습니다. 앞선 2012년 열두 살에 비해 빨라졌습니다. 스마트폰을 언제든 자신의 손에 쥘 수 있는 나이는 열 살이지만, 실은 그전부터 아이들은 스마트폰의 자기장에 들어갑니다. 우리는 식당, 카페, 공원 등에서 양육자가 영유아에게 스마트폰을 보여주는 풍경을 쉽게 볼 수 있습니다.

이럴 경우, 아이는 스마트폰 삼매경에 빠져서 좀처럼 눈을 떼지 못합니다. 아이의 모든 세계가 스마트폰에 가둬진 것 같은 모습입니다. 그렇게 아이 눈앞에 스마트폰을 놓아주면서 양육자는 한시름 덜어냅니다. 물론 이해 못 할 바도 아닙니다. 옆에서 칭얼대는 아이 때문에 급한 일을 처리하기 어렵거나, 또는 공공장소에서 다른 사람들에게 실례가 될까봐 어쩔 수 없이 아이 손에 스마트폰을 쥐어주는 경우도 있습니다.

당장 아이의 시선과 관심을 한곳에 몰기 위해 스마트폰을 활용하지만, 그것은 스마트폰이 지닌 중독성을 간과한 것입니다. 스마트폰에서 나오는 영상은 다른 어떤 전자기기가 가질 수 없는 치명적인 유혹을 뿜습니다. 과거 TV도 '바보상자'로 불렸던 적이 있습니다. 20세기 중반, TV가 발명된 이래 아이의 뇌와 성장에 나쁜 영향을 미칠 것이라는 우려는 줄곧 따라다녔습니다. 독서나 야외 활동

대신 TV 앞에서 넋을 뺏길 것이란 우려였습니다. 하지만 TV는 적절한 타협을 찾을 수 있는 매체였습니다. 방송 시간만 봐도 TV는 지금과 달리 저녁 시간에 한정되어 프로그램이 방송되었고, TV는 대개 어른이 차지하는 거실에 놓여 아이들이 쉽게 다가가지 못했습니다.

하지만 스마트폰은 다릅니다. TV처럼 거실에 놓여 양육자의 눈치를 봐야 하는 물체가 아닐 뿐더러 언제든 쉽게 내 손에 쥐고 눈앞에 펼칠 수 있습니다. 필요한 것은 오직 와이파이나 데이터, 충전기뿐입니다. 물리적으로 스마트폰을 멀리할 수밖에 없는 요인이 거의 없습니다. 스마트폰은 이전 다른 매체나 미디어와 확실히 다릅니다. 책, 영화, 라디오, TV, 컴퓨터 등이 하지 못한 방식으로 우리의 주의와 관심을 끕니다. 하다못해 스마트폰 이전의 휴대폰과도 다릅니다.

가장 큰 요인은 언제나 누구와 연결될 수 있다는 점입니다. 물론 손에 쥘 만큼 작고 가볍다는 점도 한몫 하겠지만, 이것은 일반 휴대폰도 마찬가지입니다. 연결 가능성은 스마트폰이 아닌 컴퓨터와 같은 다른 전자기기도 가능하나, 그것은 스마트폰만큼 작고 가볍지는 않습니다. 이러한 스마트폰의 특징은 스마트폰에 의존할 수밖에 없는 요인을 제공합니다.

자연스레 스마트폰이 제공하는 화면 세계에 자신이 가진 세계를 들여놓는 경우도 많아집니다. 즉, 화면 세계가 삶의 속도를 설정하고, 기준과 가치를 확립하고, 대화를 제안하고, 오락을 제공합니다.[24] 스마트폰을 열었을 때 사용자는 자신을 그대로 옮기기도 합니다. 전화로 대화를 나누거나 일시적 연결을 꾀하는 것을 넘어서 한 세계를 스마트폰 안에 밀어 넣습니다. 물론 여전히 많은 이들이 스마트폰을 생활을 돕는 하나의 도구로 사용하고 있으나, 스마트폰은 그 자체로 한 개인의 세계가 될 가능성이 있습니다.

일상 깊이 파고든 스마트폰 월드

한 번 생각해봅시다. 아침에 눈을 떴을 때, 가장 먼저 하는 일이 무엇인가요? 혹시 잠결에 손에서 놓친 스마트폰을 찾거나 자연스레 스마트폰에 손이 먼저 가는 경우가 있을 겁니다. 그렇지 않으면 30분 안에 스마트폰에 손이 가고 무엇이든 그 안을 들여다볼 것입니다. 어른이든 아이든, 많은 사람들이 그렇게 합니다. 잠자기 전이라고 크게 다르지 않습니다. 스마트폰을 보다가 잠드는 경우도 많을 겁니다.

스마트폰은 그만큼 우리 생활 깊숙이 들어왔고, 세상을 바꾸고 있습니다. 기기 자체가 지닌 휴대성과 함께 그 안에 너무 다양하고 재미있는 콘텐츠가 많고 접근이 쉽다는 점도 아이들이 스마트폰에 쉽게 빠지는 요인입니다.

스마트폰은 터치 하나로 원하는 콘텐츠에 쉽게 접근할 수 있습니다. 직접 보지 않아도 어디든 연결될 수 있는 온라인 관계에 익숙해진 것도 스마트폰 과의존과 관련이 있습니다. 아이들에게 SNS 나 모바일 메신저는 친구와 갖는 상호작용을 활성화하는 도구입니다. 특히 사춘기 청소년들에게 친구는 함께 사는 가족보다 더 친밀하게 연결되어 있는 존재입니다. 비록 집은 떨어져 있어도 친구와 언제든 소통하고 싶은 마음을 충족시켜주는 수단이 스마트폰입니다. 즉, 심리사회적 기본 욕구인 소속감과 연결 욕구를 모바일 메신저와 SNS를 통해 충족합니다. 대인관계 형성과 유지, 정보 공유라는 기능도 무시할 수 없습니다. 아이들이 스마트폰에 빠져 있다면 스마트폰 자체보다 어떻게든 친구나 특정 집단에 연결되어 있으려는 욕구가 자리 잡고 있습니다. 이처럼 아이가 스마트폰에 빠지게 된 이유를 정확하게 알아야 그에 따른 대처도 정확하게 할 수 있습니다. ✤

SNS는 게임만큼 중독성이 강하다

"인생에서 SNS 말고도 할 수 있는 것이 엄청나게 많습니다. 도서관에 가서 책을 읽는 게 나아요. 정말이지, 그건 시간 낭비입니다."

과거 박지성 선수가 뛰었던 영국 프리미어리그 '맨체스터 유나이티드 FC(이하 맨유)' 감독이었던 알렉스 퍼거슨 경이 했던 말입니다. 그가 감독을 하고 있던 시절, 맨유 선수였던 웨인 루니가 트위터에서 한 팔로워와 논쟁을 벌이다 "운동장으로 나오면 10초 안에 때려 눕혀주마"라고 쓴 적이 있습니다. 이것이 물의를 일으켰고, 퍼거슨 경이 가디언지와 인터뷰를 하면서 이런 말을 남겼습니다. 인터뷰 핵심은 자신이 하는 말에 책임감을 가져야 한다는 것인데, 유독 우리나라에서 "SNS는 인생의 낭비"라는 말로 편집되어 회자되었습니다.

즉흥적이고 충동적인 말이 오가는 SNS 특성상 긍정적인 말보다 부정적인 말이 주목받기 마련입니다. SNS는 개인(적인 이야기가 오가는) 공간이라고 일컫지만, 실은 다수가 이용하고 주목하는 또 다른 광장입니다. 인터넷에 올라온 글(말)은 작성자가 삭제해도 다른 누군가가 이를 스크린 샷이나 아카이브로 남겨 놓았다면 주워 담지 못합니다. '발 없는 말이 천리를 간다'는 속담은 인터넷 시대에도 여전히 유효합니다. 물론 SNS를 통한 설화(舌禍)도 끊이질 않습니다.

주목받고 인정받고 싶을 때는 SNS

스마트폰도 사용자에 따라 콘텐츠 활용도가 다양합니다. 어떤 사람은 게임에 치중하는가 하면, 또 어떤 사람은 SNS에 몰두합니다. 다른 누군가는 주식 등 금융 거래에 열중합니다. 그런데 특정 콘텐츠는 다른 콘텐츠보다 몰입 효과가 더 크고 중독성이 강하다는 연구 결과도 있습니다.[25] 특히 SNS는 게임이나 다른 애플리케이션보다 더 중독성이 강하고 과다 사용을 유발한다는 의견도 있습니다. 한편 SNS를 통한 개인의 정보 공유가 음식 및 섹스와 같은 방식으로 뇌의 보상 체계를 활성화한다는 연구 결과도 있습니다. 덕분에 외롭고 불안한 사람만 SNS에 끌리는 것은 아닙니다. 개방적인 성향이 강한 사람도 SNS에 머무는 시간이 길고 팔로워도 많습니다. SNS의 마성은 이처럼 우리가 자발적으로 통제하기 어려운 생물학적 욕구에 뿌리를 두고 있습니다.

컴퓨터 관련 연구들에서 가장 일관성 있는 결론 중 하나는 대면 의사소통이 부족할수록 자기 노출이 늘어난다는 것입니다. 어디에 있든 누군가와 연결되어 상호작용을 할 수 있다는 사실이 SNS가 가진 매력입니다. 주목과 인정은 사람이 성장하면서 경험하는 가장 강력한 보상입니다. 아이든 어른이든 인정받기의 중요성은 크게 줄어들지 않습니다. 따라서 외롭거나 스트레스가 많을 때 SNS에 눈을 돌리는 것도 자연스런 현상입니다.

김대진 교수 연구팀은 스마트폰에 과의존하는 사람들과 그렇지 않은 사람들의 SNS 사용시간을 비교해보았습니다. 그 결과 일반 이용군에 비해 과의존군의 스마트폰 평균 이용시간과 SNS 평균 이용시간이 더 길게 나타났습니다. 또 SNS 주사용자들은 역기능적 충동성,[26] 불안, 보상 민감성 등이 높아질수록 스마트폰에 과의존할 가능성이 높게 나타났습니다.

그렇다고 스마트폰으로 SNS를 자주 활용하는 사람이 스마트폰 과의존이라고 섣불리 말할 수는 없습니다. 또 전적으로 관련 있는 것도 아닙니다. 스마트폰 과몰입 상황으로 갈 때, 어떤 심리기질적 요인이 작동하는지 살펴봐야 합니다. SNS가 본질적으로 선한지 악한지 따질 수는 없습니다. 물론 특정 알고리즘이 인간 심리를 움직여 마음을 착취한다는 주장도 있습니다.[27] 중요한 것은 SNS를 '어떻게 이용하느냐' 또 그것이 '삶과 생활에 어떤 역할을 하는지'입니다. 앞서 언급했듯이 특정 기질을 가진 사람은 SNS에 중독될 위험이 더 커집니다.

'좋아요'에 집착하는 아이들

자존감이 낮은 이들에게 SNS는 편한 장소입니다. 덕분에 스마트폰을 통해 SNS에 자주 들락날락하면서 시간과 노력을 쏟을 가능성이 큽니다. 이것도 닭이 먼저냐, 달걀이 먼저냐의 문제를 만날 수 있습니다. SNS를 사용하면서 사용자의 자존감이 더 낮아지는 경우입니다.

특히 어른보다 아이나 청소년들이 SNS에 빠질 위험이 큰 것도 사실입니다. 감수성이 예민하면서 현실 세계의 경험이 부족하다 보니 자신의 사회적 삶에 지나치게 신경을 쏟을 수 있습니다. 이는 곧 친구나 팔로워가 얼마나 많은지, '좋아요'나 '별풍선'을 누른 숫자가 얼마나 되는지에 따라 자신의 존재감을 평가하게 됩니다.

집과 가정이라는 울타리를 벗어나 친구와 학교 등으로 세상이 넓어질 때 경계해야 할 것이 있습니다. 비교와 경쟁입니다. SNS의 부작용 중 하나는 늘 연결되어 있어 남들과 비교하거나 자신에게 부족한 점을 찾는 데 골몰하게 만든다는 것입니다.

이렇듯 연결과 비교는 SNS가 지닌 특성 중 하나입니다. 사회적 비교와 질투의 토대를 제공하는 SNS에 노출될수록 스마트폰을 더욱 손에 쥐고 있을 수밖에 없습니다. 자기 노출의 욕구는 스마트폰을

'좋아요'가 많아질수록
아이들의 자존감도 높아질까?

통해 더욱 기승을 부립니다. 언제든 가까이에 두고 터치만으로 열릴 수 있는 세계. 하지만 친밀한 상호작용은 단절되고 되레 현실 세계에서 소외와 단절을 불러온다면 과연 우리는 SNS를 계속해야 할까요? 'SNS는 인생의 낭비'라고 말했던 퍼거슨 경의 말을 다시 곱씹어야 할까요? ✎

스마트폰의 두 얼굴, 놀이와 중독 사이

"한때, 아이가 잠들기 전에 책을 읽어주었습니다. 책과 함께 아이와 도란도란 이야기도 나눴습니다. 그러다 종이책 대신에 패드로 책읽기를 시작했습니다. 직접 소리를 내거나 책을 한 장한 장 넘길 필요도 없었습니다. 그러다 오랜만에 아이에게 그림책을 쥐어주고 읽어주고자 자세를 잡았습니다. 그런데 아이는 책장을 넘기는 대신 패드를 사용하듯 손가락을 옆으로 밀치는 것이었습니다. 아차, 싶었습니다. 갑자기 아이에게 미안함이 밀려왔습니다."[28]

당신이 잠든 사이에 아이는 전자기기에 물들어갑니다. 1970년 이래, 아이의 활동 반경이 무려 90퍼센트 줄었다는 조사가 있습니다.[29] 아이가 자유롭게 돌아다니는 놀이 공간이 줄어든 것에는 화면 위주 생활양식도 한몫합니다. 디지털 화면이 주는 자극에 모든 신경을 뺏기다보니, 아이는 굳이 바깥에 나가지 않습니다. 양육자도 위험한 바깥세상에 아이를 보내느니, 집에서 스마트폰과 함께 있는 것이 더 낫다고 여길지도 모릅니다.

손가락으로 터치하는 것에 익숙해진 아이는 스마트폰 세상이 열리자 애플리케이션을 하나둘 손대면서 호기심 천국을 누빕니다. 그러다 어느 순간, 쾌감을 안기는 애플리케이션에 꽂힙니다. 자극에 반응하면서 그것이 무엇이든 놀이가 됩니다. 손을 놀리고 감정을 싣고 재미에 흠뻑 빠져듭니다. 좋아서 시작한 만큼 신나게 밀고 누르며 터치합니다.

스마트폰이 처음 세상에 선보였을 때, 스마트폰을 지칭하던 말 중의 하나가 '어른들의 장난감'이었습니다. 아이에게 필수품처럼 따라다니는 장난감도 어른이 되면 없어집니다. 이럴 때 스마트폰은 어른에게 새로 주어진 장난감이었습니다. 손안에 쥔 컴퓨터였습니다. 어디서나 쉽게 할 수 있는 놀이가 됐습니다. 작은 스크린을 통해 모든 것을 보고, 어떤 것이든 할 수 있다는 것이 신기했습니다. 눈과 귀, 손을 장악한 작은 스크린은 이내 인간을 집어삼키기 시작했습니다.

사회학자 최태섭은 '재밌자고 하는 게임, 목숨 걸면 지옥'이라며 이렇게 덧붙였습니다. "게임은 재미있자고 하는 일이고, 누구도 여기에 목숨을 걸어서는 안 된다. 이것을 잊는 순간, 게임은 누군가의 지옥이 된다."[30] 중독을 영어로 쓰면 'Addiction'입니다. 어원은 라틴어 'Adcare'이며 의미는 '갇혀 있다, 의존되어 있다' 등입니다. 재밌자고 손댔다가 목숨을 걸게 되는 것이 중독입니다. 술, 담배, 커피, 게임, 쇼핑, 스마트폰 등 처음부터 중독을 원해서 시작한 것은 없습니다. 그저 재밌자고, 쾌감이라는 자극 덕분에 시작합니다. 여기서

재미있자고 하면 놀이,
목숨 걸면 지옥?

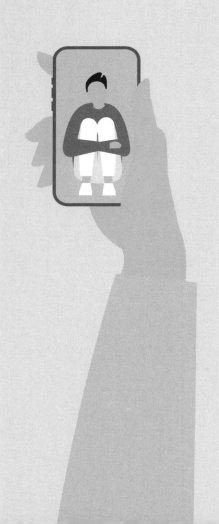

중요한 사실이 있습니다. 인간에게 쾌감을 주는 모든 것에는 중독성이 숨어 있습니다. 스마트폰 역시 다르지 않습니다.

중독, 하지 않으면 더 힘들어질 때

처음 스마트폰이 세상에 선보였을 때, 누구도 '중독'이라는 말을 꺼내지 않았습니다. 그저 신기하고 재미난 장난감이 세상에 나왔을 뿐이었습니다. 10년이 지난 지금, 스마트폰은 모든 것을 삼켜버렸다고 해도 지나치지 않습니다. 이건 단순히 사용시간이 많다는 것을 의미하지 않습니다. 지하철을 타거나 버스를 탔을 때 주위를 둘러보세요. 많은 사람이 거북목을 하고 있습니다. 스마트폰을 보느라 그렇습니다. '거북목증후군(Turtle neck syndrome)'[31]이라는 증상도 있습니다. 자세도 문제지만 더 큰 문제는 모든 일상을 스마트폰에 완전히 욱여넣고 그 안에서만 산다는 것입니다.

분명 처음에는 재미있고 좋아서 시작했는데, 어느 순간부터 하지 않으면 불안한 상황에 내몰립니다. 이렇듯 되레 하지 않을 수 없는 아이러니에 도달한 것이 금단입니다. '긍정적 강화(positive reinforcement)'였다가 '부정적 강화(negative reinforcement)'로 이동한 것입니다('긍정적 강화' '부정적 강화'의 자세한 설명은 2장에 나옵니다). 이 말들은 미국의 행동주의 심리학자 벌허스 프레더릭 스키너가 내세운 '조작적 조건화(operant conditioning)' 이론에 나온 용어입니다(스키너는 쥐를 이용한 학습실험을 통해 인간행동을 자극-반응 관계로 설명했습니다).

중독에는 다음과 같은 세 가지 특징이 있습니다.[32]

첫째, 일시적인 만족을 얻기 위해 강박적으로 의존합니다. 둘째, 중독될 경우 물질이나 행위의 강도 역시 올라갑니다. 셋째, 중독된 물질이든 행위든 그것을 그쳤을 때, 불안감이나 허전함, 무기력, 또는 손떨림이나 불면증 같은 심신장애를 겪습니다. 즉 금단증상이 나타납니다.

여기서 중요한 점이 있습니다. 중독은 악이 아닙니다. 그렇다고 선도 아닙니다. 중독은 일종의 질병입니다. 한 번 걸리면 빠져나오기 힘들다는 특징이 있습니다. 수시로 스마트폰에 손이 가고 눈이 머뭅니다. 스마트폰을 집에 놓고 나오면, 불안해지고 뭔가 큰일이 날 것처럼 마음이 안정되지 못합니다. 전화가 오지 않았는데도 온 것 같은 느낌이 듭니다. 스마트폰에 종속되어 있다는 신호입니다.

이렇게 우리가 스마트폰에 과의존 상태로 내몰리는 이유는 무엇일까요? 강박적 의존 상태는 다른 말로 내적인 자율성이 결핍되어 있다는 말입니다. 자율성 결핍은 자기결정권을 잃고 있다는 신호입니다. 어떤 상황이나 조건에서 내면의 느낌이나 욕구에 정직하게 반응하기보다 이를 회피하려는 것입니다.

아동기는 자율성 계발에 중요한 시기입니다. 자신의 아이가 자율성을 갖추기를 원하지 않는 양육자는 없습니다. 그렇다면 아이의 자율성은 어떻게 키워줄 수 있을까요? 자율성의 기반은 다른 사람 (특히 양육자)과 직접 맺는 신체적·심리적 관계를 통해 키울 수 있습니다. 이 관계 속에서 '조건 없는 사랑'이 가장 중요합니다. 아이가 자율적으로 자랄 수 있는 중요한 토대가 사랑이기 때문입니다. 아이는 사랑을 통해 자신이 세상의 일부라고 느낍니다. 양육자에게 충분히 '보호받고' '사랑받고' 자란 아이는 그것이 자신도 모르는 사이에 살아가는 힘이 됩니다.

그런데 반대로 관심과 사랑을 받지 못하고 자란 아이는 어떻게 될까요? 자신이 사랑받지 못했다는 느낌은 트라우마로 남게 되고, 그것은 아이의 내면에 불안이 싹트는 씨앗이 됩니다. 그리고 그 불안은 세상에 대한 신뢰를 형성하지 못하게 만들고, 급기야 두려움을 낳는 결과를 낳을 수 있습니다.[33]

Like와 Want의 차이

아이에게 스마트폰을 무턱대고 주는 것은 따라서 위험할 수 있습니다. 스마트폰은 '직접'을 배제합니다. 직접적인 관계가 아닌 네모난 화면을 통해 자극에 익숙해지면 자율성 계발은 힘들어집니다. 이는 다시 직접적인 관계를 맺는 데 어려움을 낳습니다. 악순환입니다. 정서적으로 외롭고 두려우면 스마트폰에 더욱 의존합니다. 스마트폰은 특별한 피드백이나 정서적 교류를 원하지 않습니다. 그저 터치만 해주면 모든 것을 알아서 척척 해줍니다. 배신할 이유도 없습니다. 스마트폰에서 자신이 안전하다는 것을 확인한 만큼 점점 더 빠져드는 것도 전혀 이상하지 않습니다. 한때 장난감이자 놀이였지만, 이제는 없어서는 안 될 존재가 되었습니다. 스마트폰은 그렇게 놀이에서 중독이 되어갑니다.

"선생님, 저는 게임이 재밌지 않아요. 그런데 이거라도 해야 견딜 수 있어요." 게임 중독에 빠진 어느 중학생이 상담 중에 건넨 말입니다. 재밌어서 하던 게임이 어느 순간 자신을 옭아맨 중독 매체가 됐습니다. 놓고 싶어도 놓을 수 없습니다. 이미 중독이 깊이 파고들었습니다. 놀이와 중독 사이, 어쩌면 참 어려운 경계입니다. 놀이를 'Like', 중독을 'Want'라고 표현해보면 어떨까요? 운동을 좋아하는 사람은 운동을 하면 행복감을 느낍니다. 이런 사람은 다른 일 때문에 운동을 하지 못한다고 불안감을 느끼지 않습니다. 다시 운동을 할 때 그 즐거움을 찾습니다. 하지만 운동에 중독된 사람은 다릅니다. 운동을 좋아하는 것 같지만, 실은 운동을 하지 않으면 불안한 상태에 빠집니다. 온갖 신경이 운동을 향해 있고, 그 감정과 신경을 다스리기 위해 운동에 의존합니다. '나'란 존재가 운동에 종속된 상태입니다.

Like와 Want, 즐기는 것과 집착하는 것의 차이라고 말해도 좋겠습니다. Like와 Want 사이에서 자신을 조절할 수 있는 것도 자율성입니다. 자율성이 충분히 갖춰진다면 스마트폰을 건강하게 사용할 수 있습니다. 스마트폰의 건강한 사용은 필요하거나 즐기기 위해서 스마트폰을 이용할 뿐입니다. 하지만 자율성이 침해되고 충분히 계발되지 않는다면 스마트폰은 나란 존재를 삼킵니다. 스마트폰에 중독되면 즐거움이나 재미를 느끼지 못합니다. 스마트폰이 없으면 불안하고 힘듭니다. "이거라도 하지 않으면 더 힘들어요. 이걸 해야 견딜 수 있어요."라는 게임 중독에 빠진 학생의 고백이 고스란히 나옵니다.

'포노 사피엔스'라는 말이 있습니다. 스마트폰이 신인류를 낳았으며, 이 신인류는 디지털을 기반으로 이전 세대와 다른 방식으로 생각하고 살아간다는 의미입니다. 분명 다를 수밖에 없습니다. 태어날 때부터 스마트폰 등과 같은 디지털 기기를 끼고 살아가는 디지털 원주민 세대가 디지털을 의식적으로 받아들인 디지털 이주민 세대와는 다른 종족일 수 있습니다. 하지만 포노 사피엔스도 스마트폰을 주체적으로 사용하는 인류를 전제로 합니다. 스마트폰에 종속되고 의존하는 것까지 지칭하지 않습니다. 중독은 그저 질환이고 질병이기 때문입니다.

포노 사피엔스 등장을 부정할 수 없습니다. 우리는 디지털 기반으로 바뀐 세대를 이미 만나고 있기 때문입니다. 하지만 중독은 다른 차원의 문제입니다. 그 어떤 중독도 홀로 싹트진 않습니다. 그 배경에는 중독이 발현되는 토양이 존재합니다. 중독이 나타나기 좋은 환경, 즉 가족, 학교, 기업, 사회 등이 자리 잡고 있다는 것을 명심해야 합니다. 중독은 나약해서 나타나는 일부의 전유물이 아닙니다. 물론 개인 기질 등도 일부 영향을 미칠 수 있겠으나, 그 기질에 불을 붙는 것은 그 사람을 둘러싼 환경인 경우가 많습니다. 거리를 걷다가도 어디에나 쉽게 만날 수 있는 휴대폰 매장, 싼 구매를 유발하는 휴대폰 보조금, 어디서나 터지는 와이파이 환경, 스마트폰에 너그러운 사회 분위기 등 너나 할 것 없이 쉽게 중독에 빠질 수 있는 환경이 지척에 널려 있습니다. 우리는 어쩌면 포노 사피엔스(Phono Sapiens)보다 어딕티드 사피엔스(Addicted Sapiens)인지도 모르겠습니다. ✿

중독이 넘치는 사회에 행복은 없다

'막상 스마트폰을 사용해보니 자제하기가 어려웠다. 평소에 나는 스마트폰으로 카카오톡·카카오스토리·웹툰·음악듣기·인터넷·게임 등을 한다. 장시간 폰을 사용하다보니 팔목이 저리고 뒷목은 뻣뻣해졌다. 그뿐만이 아니다. 눈이 매우 건조해져서 안구 건조증까지 걸렸다. 더 큰 문제가 생겼다. 성적은 쭉쭉 빠지고 요금은 팍팍 올라갔다.'[34]

스마트폰에 앞서 다른 이야기 하나 꺼내 보겠습니다. 지구에 사는 70억 명의 사람들 중에 양변기를 쓰는 사람은 얼마나 될까요? 대충 때려 맞춰보고자 이런저런 수치를 떠올리겠지만 쉽게 답이 나오지 않을 것 같습니다. 답은 추정치로 45억 명입니다. 어떤가요. 생각보다 많은가요, 적은가요. 양변기가 최초 등장한 후 인구의 절반 이상이 양변기를 쓰게 되기까지 400년 이상 걸렸습니다.[35] 물을 최초로 사용한 좌식 변기가 1885년에 등장했고, 지금과 비슷한 모양의 양변기 꼴이 갖춰진 것이 1905년이었습니다. 이 양변기 등장을 묘사한 글이 재밌습니다. "천사가 우아하게 변기에 앉아 있는 느낌을 받았습니다." 이 양변기 브랜드는 'New Angel Bath'였습니다.

그런데 스마트폰 등 휴대전화를 쓰는 사람이 전 지구상에서 60억 명을 넘어섰습니다. 스마트폰 사용자는 휴대폰 인구 60억 명 가운데 거의 대다수를 차지하고 있습니다. 그만큼 스마트폰 사용은 빨리 전파되고 많은 인구가 사용하고 있습니다. 이렇게 빠른 속도는 활용도가 높아진 만큼 의존도 또한 높아지고 있습니다.

양변기는 사용자에게 대체로 만족을 줍니다. 사용 후 몸 안의 뭔가를 빼내고 홀가분한 기분을 선사합니다. 그렇다고 의존하지도 않으니 중독에 빠질 우려도 없습니다. 반면 스마트폰은 사용하면 할수록 의존도가 커집니다. 스마트폰은 뭔가를 빼기보다 채웁니다. 전화번호 등의 정보를 채우고 애플리케이션을 더합니다. 의존도는 점점 더 높아지고 이것이 없으면 불안해집니다. 제대로 조절하지 않으면 중독에 빠질 우려도 있습니다. 양변기는 빼면서 행복을 더하지만, 스마트폰은 더하면서 행복을 빼앗아갑니다.

중독에 빠질수록 행복하지 않다

중독은 행복을 빼앗아갑니다. 행복하지 않아서 중독에 빠지고, 중독에 빠져서 행복하지 않습니다. 중독과 불행은 동전의 양면입니다. 중독에 빠지면 쉽게 빠져나올 수 없는 이유입니다.

그렇다면 궁금한 것이 생깁니다. 행복지수가 높은 나라에는 중독이 없을까요? 유엔 산하 자문기구인 '지속가능발전해법 네트워크 (SDSN)'가 발표한 '2019 세계행복보고서'[36]에서 행복지수 1위 국가는 핀란드였습니다. 앞선 해에도 1위를 차지한 데 이어 1위를 지켰습니다. 총 156개국의 행복지수를 조사했는데, 한국은 54위였습니다. 한국은 기대 수명(9위), 1인당 국민소득(27위), 관용(40위) 부문에서 상위권이나, 사회적 자유(144위), 부정부패(100위), 사회적 지원(91위) 등 사회 환경에서 하위권이었습니다. 한국이 최근 5년간 50위권에서 맴돌고 있는 한편 최상위권은 예상했듯이 주로 북유럽 국가들이 차지했습니다. 핀란드에 이어 덴마크, 노르웨이, 아이슬란드가 순위를 이었고, 스웨덴도 10위권에 이름을 올렸습니다. 그런데 핀란드가 항우울제 복용도 1위라는 아이러니도 있습니다.

다른 나라와 달리 경기가 계속 호황을 보이는 미국이 의외로 행복지수가 2018년보다 한 단계 떨어진 19위를 기록했습니다. 호황에도 불구하고 미국의 행복지수가 하락 추세를 보이는 것은 '중독'과 관련 있습니다. 미국 사회의 고질병인 마약뿐 아니라 SNS가 새로운 저수지로 부각됐습니다. 보고서 공동 편집자인 경제학자 제프리 삭스 교수(미국 컬럼비아대학)는 도박과 디지털 미디어 등에 대한 중독으로 미국인들의 우울감이 높아졌다고 분석했습니다.

도박이야 오래전부터 그렇다 치더라도 디지털 미디어 중독이 새로운 뇌관이 되고 있음을 보여주는 결과입니다. 특히 페이스북 등 SNS 사용자가 급증하면서 우울증에 노출되는 사람도 많아지고 있습니다. 하루 SNS 3시간 이상 사용자가 최근 몇 년 새 급증하고 있으며, SNS 사용시간이 길수록 우울증 발병 위험도 높아졌다는 연구 결과도 있습니다.[37] 타인과 소통하려고 SNS를 시작했지만 되레 불행과 우울의 근거지가 되고 있다는 소식은 달갑지 않습니다. SNS를 사용하는 제각각의 이유가 있지만 많은 사람에게 SNS는 자기과시의 장이기도 합니다. 즉 타인에게 인정받고 주목을 받기 위한 중독의 장치가 되었습니다.

SNS는 '행복 베틀'이 펼쳐지는 비교 전쟁터입니다. SNS에 올라간 삶은 과장되어 있는 경우가 많습니다. 페이스북 친구가 값비싼 음식 사진이나 멋진 여행지 사진을 올렸다고 그가 행복하리라는 보장은 없습니다. 오히려 비주얼이 좋은 음식은 질려서 먹기 힘들었을 수 있고, 멋진 여행지 뒤편에는 쓰레기가 잔뜩 쌓여 있을 수 있습니다. 하지만 그가 나보다 행복하다고 느끼는 사람이 꽤 많습니다. 덕분에 우울증이 옵니다.

SNS에서 오는 우울증도 양상이 다양해지고 있습니다. 과거에는 주로 타인이 올린 콘텐츠 등에서 오는 상대적 박탈감으로 인한 우울감이 많았습니다. 최근에는 자신이 올린 콘텐츠에 기대만큼 반응이 오지 않을 때 우울감을 느낀다는 사람도 많아졌습니다. 물론 이런 우울감이 전적으로 SNS 때문에 오는 것은 아닙니다. 개인의 심리적 취약성 등과 맞물리면서 부정적인 정서가 더 진하게 발현되기도 합니다.

스마트폰에 빠질수록 행복하지 않은 아이들

디지털 미디어에 무방비로 노출되면서 청소년들은 자신이 행복하다는 것을 증명하기 위해, 혹은 남의 인정을 받기 위해 SNS에 집착하고 있습니다.

2018년 미국 샌디에이고 주립대학 연구팀이 1991년부터 2016년까지 10대 청소년 100만 명의 행복지수를 분석한 연구 결과를 내놓았습니다. 미국 청소년들의 행복지수는 2012년을 기점으로 갑자기 떨어졌습니다. 의외였습니다. 2008년 금융위기 때문에 청소년과 성인 모두 행복지수가 낮아진 바 있었는데, 금융위기가 해소된 2012년 갑자기 행복지수가 낮아진 것은 의아했습니다.

연구팀은 그 원인을 스마트폰에서 찾았습니다. 2012년은 미국 내 스마트폰 보급률이 50%를 넘어선 해였습니다. 하루에 5시간 이상 스마트폰에서 활동을 하는 학생이 1시간 정도 하는 학생보다 2배 이상 불행하다고 느꼈습니다. 30세 이상의 성인들도 마찬가지였습니다. 스마트폰에 중독된 사람은 행복지수가 낮았습니다. 흥미롭게도 스마트폰에서 활동을 전혀 하지 않는 것도 문제가 있었습니다. 스마트폰을 통해 SNS를 전혀 하지 않는 것보다 하루 1시간 정도 활동하는 청소년의 행복지수가 가장 높았습니다. 한 시간을 기준으로 스마트폰 사용시간이 늘어날수록 행복지수는 낮아졌습니다. 여기서 우리는 하나의 단초를 얻을 수 있습니다.

우리나라도 청소년의 행복지수가 급감하고 있습니다. 청소년들이

우리나라 청소년들의
행복지수는 갈수록 떨어지고 있다.

스마트폰에 집착하는 이유도 행복하지 않기 때문입니다. 디지털 기기에 집착하다보니, 또 행복하지 않습니다. 악순환입니다. 중독이 넘치는 사회에 행복이 없다는 현실, 정말 아프게 기억해야겠습니다. ✤

우리 아이는 스마트폰에 얼마나 빠져 있을까?

청소년 스마트폰 자가진단 테스트

다음은 자녀의 스마트폰 의존도를 알아볼 수 있는 스마트폰 자가진단 테스트입니다. 자녀와 함께 다음의 10문항을 읽고 최근 3개월간 자녀의 모습에 가장 맞는다고 생각되는 칸에 표시해주세요. 표시된 칸의 숫자를 모두 합한 후 자녀의 스마트폰 의존도가 어느 정도인지 확인해보세요.(남학생은 31점, 여학생은 33점을 초과하면 위험군에 해당합니다)

> * 위험군 상태
> 스마트폰 사용과 관련하여 조절에 어려움을 보이며, 일상생활에서 장해를 경험하고 있을 가능성이 있습니다.
> 따라서 보다 자세한 평가를 통해 구체적인 대처 방법을 모색해볼 것을 권장합니다.

SAS-SV* (Smartphone Addiction Scale-Short Version)

본 테스트는 중학생을 대상으로 연구를 진행하여 의존군과 일반 사용자군을 구분하여 점수 기준을 마련했습니다. 따라서 다른 연령대에 해당 기준을 적용하는 것에는 제한이 있습니다.

SAS-SV는 가톨릭대학교 정신과학교실 김대진 교수 연구팀에서 개발하여 타당화 연구를 진행한 척도이며, 관련 연구가 해외 저널에 발표되었습니다. 벨기에, 중국, 일본, 스페인, 스위스 등 해외에서 본 척도를 이용하여 스마트폰 중독에 관해 진행한 연구들도 다수 발표되었습니다.

* 스마트폰 중독 테스트 : SAS-SV

① 전혀 그렇지 않다   ② 그렇지 않다   ③ 약간 그렇지 않다   ④ 약간 그렇다   ⑤ 그렇다   ⑥ 매우 그렇다

번호	항목	①	②	③	④	⑤	⑥
1	스마트폰을 하다가 계획한 일들을 제대로 못한 적이 있다.						
2	스마트폰 사용으로 인해 학교 수업이나 과제, 회사 일에 집중하지 못한 적이 있다.						
3	스마트폰을 사용하다보면 뒷목이 아프거나 손목의 통증을 느낀 적이 있다.						
4	만약 스마트폰이 없다면 견디기 힘들 것 같다.						
5	스마트폰이 내 손에 없으면 안절부절 못하고 초조해진다.						
6	스마트폰을 사용하고 있지 않을 때 자꾸 스마트폰이 생각난다.						
7	스마트폰 사용으로 인해 실생활에 문제가 생기더라도 스마트폰 사용을 포기하지는 않을 것이다.						
8	스마트폰을 사용하지 않을 때(트위터나 페이스북에서) 다른 사람들이 하는 이야기를 놓칠까봐 자꾸만 스마트폰을 확인하게 된다.						
9	스마트폰을 사용하게 되면 의도했던 것보다 오랜 시간을 사용하게 된다(시간이 가는 줄 모른다).						
10	주위 사람들이 내가 스마트폰을 너무 많이 사용한다고 지적한다.						

02

스마트폰이 아이의 뇌를
아프게 한다
디지털 과의존과 청소년기의 뇌

"뇌에 변화를 일으키는 것은 무엇이든 당신의 미래도 바꾼
다. 당신의 뇌는 유전자만의 산물이 아니다. 평생에 걸쳐 쌓
이는 경험들을 통해 조각되는 것이기도 하다."

– 뇌학자, 브라이언 콜브

우리 아이의 뇌가 줄어들고 있다

"중학교 3학년인 태인이는 게임의 달인이다. 어린 시절부터 태인이는 스마트폰을 달고 살았다. 지금도 하루 6시간 이상을 게임 세상에서 보낸다. 그러면서 적지 않은 후유증도 생겼다. 전에 비해 짜증이 늘어났고 기억력도 떨어진 것 같다. 친구들과의 만남도 온라인이 더 편하다. 게임에만 빠져 지내자 부모님과 충돌이 잦아졌다. 학교생활에도 재미나 의미를 찾지 못하고 있다."

뇌 발달 과정에서 청소년기는 특히 중요합니다. 아동기와 성인기 사이, 심리사회적 전환기로 정의할 수 있는 청소년기는 행동, 인지, 뇌에서 상당한 변화를 거칩니다. 사춘기 시작 즈음인 초기 청소년기는 신체에 생물학적 변화가 일어나는 동시에 정체성, 자기의식 등 심리적 변화도 일어납니다. 뇌와 인지 수준에서 일어나는 변화는 행동으로 나타납니다. 흔히 볼 수 있듯이 위험을 감수하고 자극적인 감각을 추구하며, 또래와 사회적 상호작용에도 적극적입니다.

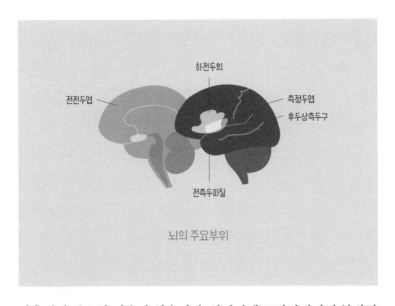

하전두회

전전두엽

측정두엽
후두상측두구

전측두피질

뇌의 주요부위

사춘기가 중요한 이유가 있습니다. 성인기에 도달하기까지 복잡하고 다양한 인지행동적 기능을 성숙하게 하는 마지막 단계이기 때문입니다. 행동이 성숙해지면서 신경세포의 발생, 피질 시냅스 재형성,[38] 호르몬의 변화 등을 동반합니다. 이런 변화와 관련하여 청소년기 뇌에서 가장 두드러진 발달은 전두엽에서 찾을 수 있습니다. 사춘기 시절, 전두엽 회백질(중추신경계의 구성 물질) 부피는 정점에 도달하나, 사춘기 이후 정체기를 거쳐 초기 성인기까지 점차적으로 감소합니다. 뇌의 회백질 부피가 감소하는 이유 중 하나는 시냅스의 가지치기(pruning) 때문입니다. 그동안 과잉생산(overproduction)했던 시냅스를 조금씩 제거하는 정제과정에 들어가는데, 이는 뇌의 회백질 밀도를 꾸준히 감소시키는 결과를 가져옵니다.

청소년기,
뇌의 성장보다는 가지치기가 중요하다

이처럼 전두엽 회백질의 부피가 감소하는 이유는 무엇일까요? 청소년기부터 성인기까지 발달하는 뇌의 인지적 특성을 보면, 추론과 의사결정 같은 복잡한 인지 기능이나 타인의 의도와 행동을 판단하고 본인의 행동을 조절하는 사회적 인지능력이 향상됩니다. 이러한 고차원적인 인지 기능을 수행하기 위해서는 뇌가 효율적으로 작동해야 합니다. 그래서 불필요한 시냅스를 정제하는 과정, 즉 가지치기는 꼭 필요한 과정입니다.

하지만 지나친 가지치기로 회백질 양이 절대적으로 적어지는 것도 문제가 있습니다. 애덤 벤포라도 미국 드렉셀대학 법과대 교수는 사법체계의 불평등을 꼬집은 자신의 책 《언페어(UNFAIR)》에서 뇌 이상이 범행의 원인일 수 있음을 지적합니다. 그는 "병적인 거짓말쟁이, 매우 공격적인 사람, 반사회적 인격 장애가 있는 사람은 전두엽 피질 부위의 회백질 양이 적은 경향이 있다"는 연구 결과를 내놓습니다. 폭력적인 행동과 전두엽 피질 부위의 손상도, 범죄 전과와 뇌 전두엽 피질의 혈류 감소도 연관이 있다는 의미입니다.

또래와의 관계가 중요한 시기

청소년기 뇌 발달에서 핵심 요소는 사회적 인지입니다. 사회적 인지란 타인의 의도와 행동에 따라 나의 태도와 행동을 조절하면서 적절한 상호작용을 해나가는 능력을 말합니다. 청소년기는 아동기에 비해 또래와의 관계가 매우 중요합니다. 또래들의 수용과 거부에 매우 민감한 시기입니다. '인싸' '핵인싸' '아싸'[39] 등과 같은 말이 청소년 사이에 자주 사용된다는 점도 이를 뒷받침합니다. 청소년에게 친구가 있고 없고는 매우 중요한 문제입니다. 청소년은 성인보다 사회적 배제에 더 큰 불안감을 보입니다. 친구들과의 단체 카톡방 메시지에 즉각적으로 응답하지 못하면 불안해하는 것도 비슷한 맥락에 있습니다. 따라서 이 시기에 사회적 상호작용에 영향을 주는 뇌 발달이 제대로 이루어져야 앞으로 사회적 존재로서 건강하게 성장해갈 수 있습니다.

청소년기는 상대방의 입장에서 생각하는 능력, 얼굴 표정 처리와 같은 사회적 인지능력이 뚜렷한 변화를 겪는 시기입니다. 이 과정에서 청소년기 뇌에도 변화의 시간을 맞습니다. 청소년기 뇌의 발달과정은 시냅스 연결망의 변화과정이라고 볼 수 있습니다. 농부가 일정한 시기에는 무한대의 성장보다 가지치기를 잘해야 좋은 과실을 얻을 수 있듯, 청소년기 뇌 발달에도 성장보다는 가지치기가 중요합니다. 따라서 이 시기에 시냅스를 가지치기할 때, 어떤 기준으로 가지를 쳐야 뇌 발달에 도움이 될지 고민이 필요합니다. 여기서 디지털 기기의 과의존 문제를 짚고 넘어가야 합니다. 디지털 기기의 과의존이 청소년기 뇌 발달에 악영향을 미치기 때문입니다.

뇌가 줄어드는 원인에 게임이나 스마트폰 등 디지털 기기의 과의
존, 알코올 중독, 마약 중독 등이 있습니다. 특정 물질이나 행위에
중독되면 의사결정에 중요한 역할을 하는 전두엽 등 뇌의 주요 부
위가 영향을 받아 부피가 줄어들거나 정상적인 기능을 수행하지
못하게 됩니다. 신경회로 다발이나 해마 등도 줄어들면서 기억력
감퇴나 부정적 정서의 증폭과 같은 부작용도 일어납니다.

앞서 태인이 경우처럼 어릴 때부터 스마트폰에 길들여졌다면 시냅
스는 게임에 특화된 시냅스로 발전합니다. 즉 시냅스가 자극적인
쾌락에 민감한 '오락실'로 재편되고, 게임과 스마트폰에 자리를 내
주면서 책 읽기처럼 사고의 경험은 뒷방으로 밀려납니다. 뇌는 이
때 뒷방으로 밀린 시냅스를 가만두지 않습니다. 사고의 기능에 필
요한 시냅스 연결은 제거하고, 그 영향으로 뇌 안에 생각을 키워갈
수 있는 '도서관'은 설 자리를 잃게 됩니다.[40]

뇌가 줄어든다는 것은
마음을 잃어버리는 것

이제는 스마트폰 없이 살아갈 수 없습니다. 하지만 아직 자기조절
이나 절제력이 부족한 아동·청소년기부터 스마트폰에 길들여진다
면 뇌가 줄어들면서 뇌 발달에 문제가 생깁니다. 가장 큰 문제는 생
각하는 능력이 점점 부족해지는 것입니다. 스마트폰 등 디지털 기
기를 많이 사용할수록 뇌 기능의 균형이 무너집니다. 뇌에도 근육

이 있습니다. 우리가 평소 특정한 근육만 사용하면 근육에 불균형이 오고 몸에 문제가 생깁니다. 뇌라고 다르지 않습니다. 특정한 뇌 기능만 쓴다면 뇌 근육에도 불균형이 오고, 뇌 건강에도 문제가 발생합니다. 과수원 농부가 가지치기에 신경을 쓰지 않으면 좋은 열매를 거둘 수 없습니다. 과수나무도 영양분이 제멋대로 흘러 들어가면서 외려 시들해지고 쪼그라들 수 있습니다.

시냅스가 가지치기를 할 때도 마찬가지입니다. 뇌는 가지치기를 통해서 경로가 생기고 주름이 파이면서 자기만의 생각과 감성을 만듭니다. 뇌가 제대로 발달할 수 있는 가지치기라면 좋겠지만, 스마트폰 등 디지털 기기의 과의존은 위험한 가지치기를 초래합니다. 스마트폰이 어쩌면 지능지수(IQ)는 높게 만들 수도 있습니다. 단순한 판단이 빠르면 빠를수록 높게 나오는 지능지수의 문제 구조 덕분입니다. 하지만 감성지수(EQ)나 복잡한 문제 해결, 깊이 사고하고 관조하는 능력은 스마트폰의 영역 밖입니다.

가지치기를 하는 시기에 좋지 않은(부적절한/부정적인) 환경에 놓이게 되면 정서적인 어려움, 가령 우울, 불안, 충동 등에 더 많이 영향을 받게 됩니다. 감정조절이 힘들게 되면서 아이들은 게임이나 스마트폰에 더욱 과의존하는 악순환이 일어납니다. 어쩌면 뇌가 줄어든다는 것은 고유의 마음을 잃어버리는 일이기도 합니다. 줄어든 뇌 때문에 그동안 저장된 마음의 기억창고가 사라지고, 자신의 마음상태가 어떠한지 알아차리기도 힘들어집니다. 똑똑하다는 '스마트'폰이지만 마음의 상실이 일어난다면, 그게 다 무슨 소용인가 싶습니다.

"마음이 개인의 경험이 만들어내는 뉴런 연결을 통해 이루어지는 뇌의 개인화라면, 섬세하게 개인화된 연결들에 온전히 접근할 수 없게 될 때, 진정으로 마음의 상실이 일어날 것이다."

– 수전 그린필드, 《마인드 체인지》 ❧

자극적인 것에 열광하는 뇌

'학교 수업에 좀처럼 집중할 수가 없다. 도대체 재미없는 수업을 왜 듣고 있어야 하는지 모르겠다. 지루하고 따분하다. 게임처럼 수업도 재미있을 순 없을까? 수업시간은 매번 똑같고 익숙하다. 게임처럼 레벨이 올라가는 것도 아니고 흥미가 생기지 않는다. 차라리 스마트폰이라도 주면 좋겠다.'

흔히 감정을 마음의 작동이라고 말하지만, 실은 그렇지 않습니다. 뇌가 작동하면서 감정도 일어납니다. 뇌 속에서 감정은 특정한 상황이 어떤 의미인지 판단하고 몸으로 반응합니다. 이때 편도체가 핵심 역할을 합니다. 가령 편도체가 손상을 입으면 감정을 느끼는 데 따른 신체반응에 문제가 생길 수 있습니다. 불안해도 심장 박동이 빨라지지 않고, 기뻐도 웃지 않습니다.

안와전두엽은 감정과 이성의 통합에 관여합니다. 어떤 상황이 나에게 좋은지 나쁜지 판단하고, 적절한 선택을 하도록 돕습니다. 그래서 안와전두엽이 손상되면 결정을 하는 데 어려움을 겪습니다.
결정장애 정도가 아닙니다. 상대방의 호의나 거절에 어떻게 반응
해야 할지, 자신의 감정이나 요구를 어떻게 표현해야 할지 등 자연
스러운 의사결정에도 어려움을 느낄 수 있습니다.

뇌는 자극적인 것을 갈망한다

'아이오와 도박 과제(Iowa Gambling Task)'[41]라는 실험이 있습니다. 실
험은 13~15년 정규 교육을 받은 참가자들에게 카드 묶음 4개를 제
시하고, 한 번에 한 묶음을 골라 카드를 뒤집게 하는 간단한 도박
실험이었습니다. 카드 묶음을 뒤집었을 때 받게 되는 수입과 지출
이 쓰여 있는데, 두 묶음은 돈을 얻고 나머지 두 묶음은 돈을 잃습
니다. 참가자들이 카드 묶음을 뒤집기 시작하고 20번쯤 뒤집고 나
면, 어떤 묶음이 좋은지 눈치 채기 시작합니다. 돈을 잃는, 즉 나쁜
묶음을 고를 때 그 긴장감으로 땀 분비가 늘어나기 때문입니다. 그
리고 50번쯤 뒤집으면 감이 옵니다. 어떤 카드 묶음이 더 좋고 싫
은지 느낍니다. 이윽고 80번쯤 뒤집으면 이제는 감정보다 이성으
로 좋은 묶음을 파악합니다. 대체로 감정 덕분에 좋은 카드를 좀 더
일찍 더 자주 고릅니다.

연구자들은 전문 갬블러(도박사)를 대상으로 같은 실험을 했습니다.
손바닥에 땀샘 탐지기를 부착했는데, 갬블러들은 일반인보다 반응
이 빨랐습니다. 10번 정도 뒤집어보고는 좋은 묶음을 금세 느꼈

뇌는 더 강하고
더 자극적인 것에 열광한다.

습니다. 이때 손바닥에 땀이 나면서 행동도 변했습니다. 즉, 명확히 깨닫기 전에 게임을 어느 정도 파악했고 뭔가 조절해야겠다는 의식을 갖기 전부터 땀샘 신호를 통해 필요한 조절을 시작했습니다. 인간의 뇌는 이처럼 상황 파악을 위해 감정과 이성을 작동하는 가운데 몸의 반응을 일으킵니다. 편도체와 안와전두엽이 작동하기 때문입니다. 그러나 편도체나 안와전두엽이 손상되면 문제가 생깁니다. 나쁜 카드 묶음을 고를 때도 땀 분비가 늘어나지 않고, 좋은 카드 묶음을 더 자주 고르지도 못합니다. 특히 안와전두엽이 손상될 경우, 좋은 카드 묶음을 알아도 이를 더 자주 알아채지 못합니다. 뇌에서 작동하는 감정은 어떤 객관적인 사실이나 상황이 나에게 좋은지 나쁜지 알려주고, 우리는 그에 따라 움직입니다. 하지만 편도체가 손상되면 감정을 활용하지 못하기 때문에 이성도 감정이 없으면 쓸모가 없어집니다.

이처럼 인간의 뇌는 감정에 따라 예민하게 반응합니다. 따라서 우리의 기억 창고에 저장되려면 특정 감정이 동반되어야 합니다. 감정의 점화가 일어난 대상이나 사건에 주의가 집중되고 더 기억을 잘합니다. 떠올려보세요. 학교 수업시간에 선생님이 가르쳐준 내용보다 선생님의 첫사랑 이야기나 농담이 더욱 선명하게 기억나는 것도 그런 이유 때문입니다.

이처럼 뇌는 자극(stimulation)에 예민합니다. 특히 강렬한 자극일수록 뇌는 정신을 잃습니다. 물론 사람마다 자극을 느끼는 지점은 다릅니다. 사람마다 즐겨 하는 일이 다르고, 관심 있는 분야가 다른 것은 뇌가 기쁨을 느끼는 발화점이 다르기 때문입니다. 누군가는 돈을 버는 일에, 다른 누군가는 사회를 위한 일에 기쁨을 느낍니다. 어떤 사람은 집에 있는 것이 좋으나, 다른 사람은 활동적으로 움직여야 희열을 느끼기도 합니다. 이런 차이 덕분에 사람마다 각기 다르게 자극을 받고 행동하고 움직입니다.

팝콘브레인, 자극에 길들여진 뇌

그런데 뇌가 지속적으로 어떤 자극에 노출된다면 어떻게 될까요? 맛있는 음식도 한두 번이지 매끼 같은 음식을 먹는다면 그 음식에 질려버릴 겁니다. 뇌도 마찬가지입니다. 특정 자극에 계속 노출되면 점점 흥미를 잃고 전보다 더 강렬한 자극을 원합니다. 더 강하게 뇌는 강도 높은 자극을 애타게 찾습니다. 팝콘이 터지듯 크고 강렬한 자극을 원하도록 변한 뇌를 '팝콘 브레인(Popcorn Brain)'이라고 부릅니다. 미국 워싱턴대학교 정보대학원의 데이빗 레비 교수가 만들어낸 팝콘 브레인은 특히 스마트폰과 같은 전자기기를 지나치게 사용할 경우 심해지는 경향이 있습니다. 뇌에 큰 자극이 지속적으로 가해지면서 익숙하고 평범한 것에는 흥미를 잃고 더 큰 자극을 찾아 떠돕니다.

팝콘 브레인은 심심하거나 잔잔한 것은 허락하지 않습니다. 그래서 무료함이 빚어내는 창조의 순간은 삭제합니다. 스티브 잡스는 평소 지인들에게 이런 말을 했습니다. "창조의 가장 큰 원천은 지루함인데, 내가 사람들에게 그것을 빼앗았다." 잡스가 자신의 아이들에게 스마트폰 등 디지털 기기를 함부로 사용하지 못하게 한 이유도 여기에 있습니다.

뇌는 강렬한 자극에 쉽게 열광합니다. 똑같은 자극이 반복되면 뇌는 하품을 하면서 더 강하고 큰 자극을 원합니다. 이것이 중독의 시작입니다. 중독에 빠지면 뇌의 구조와 기능도 변합니다. 인터넷을 장시간 사용한 뇌를 촬영한 자기공명영상(MRI)을 분석해보면, 뇌에서 생각 중추를 담당하는 회백질 크기가 줄어든 모습을 확인할 수 있습니다. 이처럼 중독은 우리에게서 생각하는 능력을 뺏어갑니다. 생각을 하지 못하니 그저 반응만 남습니다. 강한 자극에 반응하면서 조절과 균형의 능력을 서서히 잃어갑니다.

물론 착각하는 경우도 있습니다. 아이가 게임에 오랜 시간 빠져 있는 것을 보고 어느 부모님은 "우리 아이는 집중력이 좋다"고 합니다. 하지만 게임과 같은 자극을 접할 때 본능처럼 나오는 집중력은 '수동적 집중력'입니다. 이런 경우 자극이 약해지거나 밋밋해지면 집중력도 모래성처럼 무너집니다. 팝콘처럼 즉각적으로 튀어 오르는 현상에만 반응하고 있을 뿐입니다.

팝콘 브레인으로 바뀐 뇌는 차분히 생각하는 시간을 잘 견디지 못합니다. 집중력과 기억력도 약해집니다. 이에 산만하고 주의력이 결핍된 행동이 따르는 것은 자연스러운 현상입니다. 중요한 것은 스스로 주의를 집중하는 능력, 즉 '능동적 집중력'입니다. 느리고 단조로운 것에도 의도를 가지고 집중하는 능력입니다.

행여나 '좋은' 중독도 있지 않을까, 의문이 듭니다. 하지만 오랫동안 동물의 중독행동을 연구해온 김정훈 연세대 의대 교수는 "좋은 중독은 없다"고 단언합니다. 뇌신경 세포 간에 신호를 전달하는 신경전달물질인 도파민이 비정상적으로 분비될 때, 중독에 이릅니다. 일단 중독이 됐을 때, 뇌의 선조체[42]에서 발현되는 도파민 수용체를 보면 코카인 중독자가 코카인을 끊고 여러 달이 지나도 정상보다 적은 양이 나옵니다. 중독에 의해 변화된 뇌를 원상태로 되돌려 놓는 것이 그만큼 어렵습니다.

큰 보상을 위해 기꺼이 위험을 감수한다

김정훈 연세대 의대 교수는 도박성(사행성) 기질이 있는 쥐를 찾을 수 있는 방법을 개발했습니다. 2017년 터치스크린 방식을 이용한 '도박성 게임 동물 모델'이 그것입니다. 국내에서 처음 시도된 이 연구는 큰 보상을 얻고자 기꺼이 위험을 감수하는 쥐를 찾아내는 것에 초점을 두었습니다.

게임 방식은 간단했습니다. 터치스크린에 4개의 창이 있고, 쥐가 창을 누르면 설탕 먹이를 얻을 수 있습니다. 다만 창마다 먹이의 양과 빈도가 다릅니다. 또 위험 요소도 있어서 창을 눌렀으나 먹이가 나오지 않고 게임이 종료되는 경우도 있습니다. 시간이 지나며 경험을 쌓은 쥐들은 게임 방식을 습득했고, 흥미롭게도 기질에 따라 다른 반응을 보였습니다. 대부분은 주어진 시간에 적당한 양의 먹이를 얻을 수 있는 창을 선호했으나, 일부 쥐는 확률은 낮지만 한꺼번에 많은 양을 먹을 수 있는 창을 선택했습니다. 설탕 먹이 대신 코카인을 마실 경우 '도박성 기질(위험추구 성향)'은 더욱 높아졌습니다. 이런 선택은 기질뿐 아니라 공동사육(복수의 쥐들)인지 단독사육인지(쥐 한 마리)에 따라서도 달라졌습니다. 김정훈 교수는 동물실험이라는 한계는 있지만, 중독 질환자 여부에 대한 진단과 치료 방법을 환자의 기질과 환경에 따라 맞춤형으로 접근할 필요가 있다는 결론을 내놨습니다.

많은 경우 대수롭지 않게 게임에 손을 댔다가 자신도 모르게 빠집니다. 이유는 간단합니다. 중독 요소가 있기 때문입니다. 소위 확률형 아이템 같은 것들이 중독 요소에 해당합니다. 게임이라는 자극에 뇌가 빠진다면 위험을 무릅쓰는 경향도 높아집니다. 게임이 뇌를 착취한다는 말도 있습니다.

그렇다면 인터넷 게임에 빠져 있는 아이에게 부모의 야단과 잔소리는 공허한 메아리로 돌아오기 쉽습니다. 그전에 먼저 위험을 감수하는 성향이 높은지 아닌지 아이의 기질을 우선 파악할 필요가 있습니다. 위험추구 성향이 높은 아이일수록 게임 등에 빠질 우려가 높습니다. 만약 위험추구 성향이 높은 아이라면 스마트폰 사용을 전적으로 아이에게 맡기는 것은 위험합니다. 이런 경우 양육자의 적절한 지도와 개입이 필요합니다. 김정훈 교수의 '도박성 게임 동물 모델'에서 쥐에게 적절한 조건을 제시하면, 기질과 조건에 따라 행동이 바뀌고 다양한 선택이 나왔습니다. 그렇다면 우리 아이의 기질을 알고 양육의 조건(환경)을 바꾼다면, 아이의 행동이 변할 수 있다는 희망도 생깁니다. ✤

의지로 디지털의 유혹을 피할 수 없다

"어쩌면 스마트폰이 아빠, 엄마보다 더 가까운 친구예요. 스마트폰은 손만 뻗으면 나를 심심하지 않게 만들어줬어요. 매일 새로운 스마트폰 게임이 나와서 지루할 틈도 없죠. 친구들과 게임 얘기하고 게임을 함께하는 것도 좋아요. 스마트폰은 저의 '베프'예요."

줄리아 로버츠가 약물중독자의 엄마로 나온 〈벤 이즈 백(Ben is Back)〉이라는 영화가 있습니다. 이 영화는 중독에서 벗어나기가 얼마나 힘든지 현실감 있게 보여줍니다. 약물중독으로 재활 센터에 있던 아들 벤(루카스 헤지스 분)이 크리스마스 시즌, 집으로 돌아옵니다. 홀리(줄리아 로버츠 분)는 돌아온 아들을 반기지만 뭔가 꺼림칙합니다. 아들이 치료를 끝내지 않았기 때문입니다. 아니나 다를까, 약물과 연관된 갱단이 벤을 찾기 시작하고 집 안을 어지럽히는 등 문제가 불거집니다. 벤이 스스로 이를 해결하겠다고 나서지만, 홀리와 가족은 이를 가만히 지켜보지만은 않습니다. 벤이 아들이고 가족이기 때문만은 아닙니다. 벤은 여전히 중독 치료 중이며, 혼자 힘으로 중독을 이겨낼 수 없다고 생각하기 때문입니다. 이 영화는 단순히 엄마와 가족의 사랑만을 이야기하지 않습니다. 영화는 중독은 질병이며 의지와 혼자 힘으로 이겨낼 수 없다는 것을 여실히 보여줍니다.

중독, 비정상적인 추구

'중독'이라는 말을 듣거나 접했을 때, 어떤 생각이 드나요? 보통 중독이라고 하면 술, 담배, 마약과 같이 우리 몸 안에 들어와 뇌에 직접적으로 화학작용을 일으키는 물질을 떠올립니다. 그리고 술, 담배, 마약 등 사람을 중독에 빠뜨리는 대상에 특정한 중독적 요인이 포함되어 있다고 생각합니다.

술이나 마약이 우리 몸에 들어오면 뇌를 자극하게 되는데, 이때 도파민이라는 신경전달물질이 분비됩니다. 그리고 도파민이 분비됨으로써 강렬한 쾌감을 느끼게 된다고 생각했습니다. 즉 술이나 마약 같은 물질들이 자연적인 상황에서 경험할 수 없는 강렬한 쾌감을 주기 때문에 중독된다고 보았습니다. 그런데 요즘에는 우리가 일상적으로 행하는 행동들이나 접할 수 있는 대상들에도 중독될 수 있다고 말합니다. 즉 이전보다 중독 대상의 범위가 넓어졌다고 할 수 있습니다. 일 중독, 쇼핑 중독, 운동 중독, 섹스 중독, 탄수화

물 중독, 인터넷 중독, 게임 중독, 스마트폰 중독, SNS 중독 등 정말 많은 것들에도 중독된다고 말합니다.

건강한 사람이라면 누구나 일상적인 활동을 합니다. 매일 일을 하며, 또 생활에 필요한 것을 얻기 위해 쇼핑을 합니다. 건강을 유지하기 위해 운동을 하며, 생명을 유지하기 위해 밥을 챙겨 먹습니다. 그런데 때때로 어떤 사람들은 밥 먹는 것도 잊어버리고 일을 하거나 운동을 하고, 자신의 경제적 능력을 넘어서는 쇼핑을 하기도 합니다. 또 지속적으로 너무 많이 먹어서 비만이 되기도 합니다. 이렇듯 일상생활 속에서 누구나 하는 활동들이지만 과도한 경우에는 문제를 일으킬 수 있습니다.

일이나 운동, 쇼핑을 하거나 밥을 먹을 때에도 우리 뇌에서는 도파민이 분비됩니다. 온라인 게임을 하거나 스마트폰을 통해 재미있는 동영상을 볼 때도 도파민이 분비됩니다. 술이나 마약이 우리 몸 안에 들어왔을 때처럼 강렬한 자극이 주어지는 것이 아님에도 말입니다. 따라서 중독이란 강력한 쾌감을 제공하는 자극이 주어지는 경우에만 생긴다고 보지 않게 되었습니다. 대신 무언가를 비정상적으로 추구하는 상태를 중독이라고 보게 되었습니다.

중독은 자기조절 기능을 떨어뜨린다

우리 몸은 여러 이유에서 신비합니다. 그 신비함 가운데 '항상성'이라는 특징이 있습니다. 어떤 이유로 우리 몸에 균형 상태가 깨지면 그것을 회복하려는 욕구가 생깁니다. 그리고 그 욕구에 따라 행동함으로써 본래 균형 상태로 돌아가게 됩니다. 이처럼 우리 몸은 가능한 같은 상태를 유지하려고 합니다.

음식을 예로 들어봅시다. 사람은 일정 시간 음식을 먹지 못하면 배고픔을 느낍니다. 이는 몸 안의 에너지 또는 영양 상태의 균형이 깨졌기 때문입니다. 이렇게 균형 상태가 깨지면 우리 몸은 깨진 균형을 복구하고자 합니다. 즉 음식을 찾게 됩니다. 그리고 먹을거리를 찾아 먹고 허기를 면하게 되면 음식을 찾고자 하는 욕구는 사그라집니다. 더 이상 먹을거리를 찾을 생각도, 행동도 하지 않습니다. 생각해보면 단순합니다. 배고프면 먹고 배고프지 않으면 먹지 않는 것도 항상성 덕분입니다.

그러나 중독 상태가 되면 달라집니다. 욕구를 충족하더라도 욕구가 사그라지지 않습니다. 즉 중독 대상을 추구하는 행동이나 행위를 지속합니다. 일이 끝나고 쉬어야 할 시간인데도 일에 과도하게 매달립니다(일 중독). 또 불필요한 것을 계속 쇼핑하고 사들입니다(쇼핑 중독). 또한 중독 상태에서는 내적 욕구와 관계없이 중독과 관련한 자극에 노출되면 자동적으로 중독 대상을 추구하는 행동을 보이기도 합니다. 이는 항상성 유지를 위한 자기조절 기능이 원활하게 기능하지 못하고 있음을 의미합니다.

우리가 컴퓨터나 스마트폰으로 게임이나 SNS, 유튜브 등을 이용할 때를 생각해봅시다. 흔히 심심하거나 또는 무언가 궁금하거나 필요한 정보를 찾아야 할 때, 게임이나 SNS, 유튜브 등을 이용합니다. 어느 정도 이용하고 나면 심심하다는 감정은 누그러들고 호기심이나 궁금증도 충족되기 마련입니다. 그러면 많은 경우 디지털 미디어 이용을 멈추고 다른 활동으로 넘어갑니다. 항상성을 유지하려는 체계가 잘 기능하고 있는 경우에는 그렇습니다. 그러나 일부의 경우에는 멈추지 않고 계속되는 경우가 있습니다. 식음을 전폐하고 계속해서 게임을 하거나 졸린 눈을 비벼가며 침대 위에서 스마트폰을 이용합니다. 즉 조절 기능이 원활하게 작동하지 않아 비정상적으로 디지털 미디어를 계속 이용하게 되는 것입니다. 그래서 많은 전문가들이 인터넷에 혹은 스마트폰에 중독될 수 있다고 생각합니다.

하지 않으면 힘들어서 한다고?!
긍정적 강화에서 부정적 강화로

보통 중독의 주요 증상으로 내성과 금단이라는 증상이 자주 언급됩니다. 내성과 금단은 약물에 대한 우리 몸의 적응과 관련이 있습니다. 술을 가지고 예를 들어 보겠습니다. 어른이 되어 처음으로 술을 접하게 되면, 한 잔만 마셔도 알딸딸한 술기운을 느끼게 됩니다. 그러나 이후 술을 자주 접하게 되면, 한 잔만으로는 더 이상 술기운을 느끼지 못하게 됩니다. 술기운을 느끼기 위해서는 더 많은 술을 마셔야 하는데, 이러한 상태를 내성이라고 합니다. 즉 술의 효과가 나타나기 위해 필요로 하는 양이 점차 증가하는 것을 의미합니다. 내성이 위험한 이유는 효과를 얻기 위해서 요구되는 술이나 마약의 양이 너무 많아지면, 우리 몸이 그 양을 감당하지 못해서 사망이나 심각한 신체적 장해를 초래할 수 있기 때문입니다.

게임이나 스마트폰 중독에서도 이와 유사한 현상을 관찰할 수 있습니다. 처음에는 30분만 해도 충분히 즐겁고 만족스럽지만, 점차 게임을 하는 시간이나 스마트폰을 사용하는 시간이 늘어나게 되고, 결국에 하루에 거의 모든 시간을 게임이나 스마트폰을 사용하는 데 보내는 경우를 볼 수 있습니다. 물론 이러한 사용량의 증가가 술이나 마약처럼 어떤 효과를 느끼기 위해서라고 할 수는 없습니다. 그리고 술이나 마약처럼 사용량이 증가한다고 해서 우리 몸이 견디지 못하는 것은 아닙니다. 다만 분명한 것은 술이나 마약에 대한 내성처럼 사용량이 점차 증가한다는 것이고, 게임이나 스마트폰 사용이 지나치게 많아지면, 생존에 필요한 다른 활동들을 소홀히 하게 됨으로써 신체적 문제를 일으킬 수 있다는 것입니다. 극단적인 예이지만 며칠씩 게임만 하다가 사망하는 경우도 여기에 해당합니다.

금단은 지속적으로 많은 양을 사용해온 술이나 마약 등을 중단하거나 그 효과가 사라졌을 때, 식은땀을 흘리거나 손을 떨고, 또는 안절부절못하는 모습 등을 보이는 증상을 말합니다. 이때 심하면 환청이나 환시를 경험하기도 합니다. 사람들은 처음에 기분이 좋아지기 위해서 또는 스트레스를 풀기 위해서 술이나 담배를 합니다. 만족스러운 경험이 반복되면 술이나 담배를 더 자주 하고 싶어지는데, 이처럼 어떤 행동을 했을 때 그 결과로 긍정적인 보상을 얻게 되면 그 행동이 증가하는 것을 '긍정적 강화'라고 합니다. 그런데 중독 상태가 되면 술이나 담배를 하지 않았을 때, 그 상태를 견디기 힘들어서 술이나 담배를 계속하게 됩니다. 즉 금단 증상을 피하기 위해서 술이나 담배를 하게 되는 것입니다. 이처럼 어떤 행동을 했을 때, 그 결과로 부정적인 상태가 사라지게 되면 그 행동을 지속하게 되는 것을 '부정적 강화'라고 합니다.

네 살 때부터 게임을 했다는 중학생이 있습니다. 게임 없이 살 수 없다는 그 아이에게 그렇게 게임이 재미있는지 물었습니다. 아이의 답변은 의외였습니다.

"선생님, 저는 게임이 예전만큼 재미있지 않아요. 게임을 안 하면 더 힘들어지니깐 하는 거예요. 이거라도 해야 힘든 걸 잊을 수 있어요."

처음에는 재미로 시작했던 게임이었습니다. 재미를 느끼기 위해서 계속해서 게임을 하게 되는 것입니다. 긍정적 강화에 의해서 행동이 계속되는 것입니다. 하지만 어느 순간부터 게임을 하면서도 더 이상 재미를 느낄 수 없다고 했습니다. 그렇다고 게임을 하지 않을 수도 없었습니다. 게임을 하지 않으면 더 힘들었기 때문입니다. 이제는 게임을 하고 있을 때 겪게 되는 왠지 초조하고 공허한 느낌을 피하기 위해서 게임을 계속하게 되는 것입니다. 부정적 강화에 의해서 행동이 계속되는 것입니다.

처음에는 좋아서 했던 것이 나중에는 하지 않으면 못 견디는 것, 마약이나 도박이 그러하듯 스마트폰 중독도 그렇습니다. 어떤 중독이든 의지가 할 수 있는 일은 많지 않습니다. 이미 개인의 힘이나 의지를 쓸 수 없을 만큼 뇌는 강한 자극에 빠져서 허우적대고 있기 때문입니다. 적절한 치료, 환경의 변화, 주변 사람들의 관심과 협조, 사회적인 노력 등이 결합해야 중독에서 벗어날 수 있습니다.

갈망, 중독의 올가미

갈망은 특정 대상을 강렬하게 추구하려는 상태를 의미합니다. 스스로도 통제하기 어려운 강렬한 욕구, 이러한 욕구가 충족되지 않으면 신체적 혹은 정신적 불편함을 경험하기도 합니다. 갈망은 아편의 효과가 사라졌을 때, 아편 중독자들이 경험하는 아편에 대한 강력한 욕구(urge)를 표현하기 위해 처음 사용되기 시작했습니다. 이러한 갈망은 중독의 재발에 중요한 역할을 하는 것으로 알려져 있습니다.

우리가 무언가를 갈망하기까지 과정을 한번 살펴보겠습니다. 그 과정은 보통 '조작적 조건형성'이라는 원리에 의해서 설명할 수 있습니다. 조작적 조건형성이란, 어떤 행동을 했을 때 특정한 쾌락을 경험하거나 고통을 잠시 잊는 것과 같은 경험을 했다면, 그 행동을 자주 하려는 경향을 뜻합니다. 그리고 이 같은 행동을 반복하는 과정에서 동일한 수준의 자극이 더 이상 동일한 효과를 주지 못하면서 내성이 발달합니다. 이러한 상황에서 원하는 효과나 원하는 정도의 만족감을 얻기 위해서는 '더 강한' 자극이나 '더 긴' 지속기간을 필요로 합니다. 이렇게 강한 자극에 오랫동안 지속적으로 반복하여 노출되면 중독 대상에 대한 '갈망'만 강해집니다. 왜냐하면 다른 자극이나 경험에는 별다른 반응이 나타나지 않고, 중독 대상 및 이와 관련한 단서에만 더 예민해지기 때문입니다.

하지만 특정 대상에 대한 갈망의 강도가 계속 높아질 수 없고, 그 지속기간도 영원할 수 없습니다. 어느 순간, 뇌에 자극이 사라지게 되면 불쾌한 기분이나 고통을 경험합니다. 이것이 바로 금단 현상입니다. 결과적으로 중독 상태가 되면 금단 현상으로 경험할 수 있는 고통을 없애고자 갈망이 일어납니다. 그리고 다시 강박적으로 중독 행동을 반복합니다. 이는 자기조절 기능이 제대로 작동하지 못한다는 것을 의미합니다.

김대진 교수 연구팀도 갈망에 대한 연구를 진행한 적이 있습니다. 청소년들이 인터넷 게임에 대한 갈망이 생겼을 때, 인터넷 게임 과의존군과 일반 이용군 간에 차이를 알아보는 실험이었습니다. 연구팀은 두 실험군에게 게임화면 등 인터넷 게임에 대한 갈망을 유발하는 영상을 보여주었습니다. 과의존군은 갈망유발 영상이 제시되기 전에 이미 높은 갈망 정도를 보였습니다. 영상 제시 전후에 유의미한 차이를 보이지 않았던 과의존과 달리 일반 이용군은 영상이 제공된 후에야 갈망 정도가 높아졌습니다. 특히 게임화면을 제시하자 과의존군은 시공간적 기능과 관련한 운동 조절과 운동 심상을 담당하는 뇌 부위(Precuneus)[43]가 더 크게 활성화되었습니다. 이와 관련하여 연구팀은 일반 이용군에 비해 인터넷 게임 과의존군이 게임화면을 응시하는 것만으로도 실제로 게임을 하는 것과 유사한 뇌 활성화 양상을 보인다는 연구 결과를 내놓았습니다. 이처럼 뇌는 단순한 응시나 생각만으로도 활성화될 수 있습니다. 특정 자극에 의하여 갈망이 일어나는 경우가 이에 해당합니다. 예를 들면, 인터넷 게임을 할 때 주변의 여러 자극이 게임 행동과 결합되거나 연결되면 게임에 대한 갈망이 유발된다고 보았습니다. 특히 관련 자극이 몸에 각인되었을 때 부작용도 생깁니다. 오랫동안 중독 관련 행동을 하지 않아 더 이상 금단 현상이 나타나지 않더라도, 관련 자극에 노출되면 예상하지 못한 순간에 중독 대상에 대한 갈망을 경험하고 재발 위험에 직면합니다.

특히 스트레스 상황에서는 중독 대상을 향한 갈망이 더욱 높아집니다. 이처럼 특정 대상에 대한 갈망이 금단 상태를 부르고, 이를 견디지 못해 다시 그 대상에 더 집착합니다. 이것은 점점 자기조절 기능이 약해진다는 것을 의미입니다. 자기조절 기능이 힘을 잃는다는 것은 자기 삶에 대한 통제력을 상실하는 것과 같습니다. 이런 악순환의 연결고리는 결국 자신의 몸과 마음을 해치고 맙니다. 갈망이 중독의 올가미가 되는 것을 경계해야 하는 이유입니다.

중독은 질병이다

결론적으로 중독은 질병입니다. 중독은 도파민 분출과 밀접한 관련이 있는 보상회로를 중심으로 뇌의 여러 영역 변화와 관련이 있습니다. 그래서 개인의 의지만으로는 극복하기 어려울 수밖에 없습니다. 영화 〈아저씨〉에서 필로폰에 중독된 옆집 아이의 엄마는 본인에게만 집중할 뿐 자식까지 내칩니다. 중독된 사람의 특징이 그렇습니다. 영화가 아닌 실제 이런 뉴스가 흘러나오고 있습니다. 딸에게 줄 밥도 챙기지 않고 PC방에서 게임에 열중하다 딸을 죽게 한 부부나 잠도 자지 않고 게임을 하다가 PC방 의자에서 죽은 사람의 이야기 등 디지털 중독이 사회 곳곳에 넘치고 있음을 목격하고 있습니다.

중독과 거리가 먼 사람들이라고 의지가 강하지 않습니다. 우리는 숱하게 작심삼일을 겪고 있습니다. 담배를 끊지 못하고 있고, 쇼핑의 유혹을 떨치지 못하고, 다이어트를 수시로 연기하고 있습니다. "엄마, 하루에 한 시간만 할게요. 믿어주세요." 게임을 하루에 일정한 시간만 하고, 불필요할 때 스마트폰을 들여다보지 않겠다는 자녀의 약속을 믿고 싶겠지만, 그것이 성인에게도 쉽지 않은 다짐이라는 걸 잘 알고 있습니다.

의지로 디지털의 유혹을 피할 수는 없습니다. 뇌는 디지털이 주는 자극에 저항도 못하고 끌립니다. 물론 디지털 기기의 사용을 모두 포기하자는 말은 아닙니다. 어쩌면 의지보다는 환경을 바꿔주는 것이 낫습니다. 유혹에 약한 사춘기 아이들에게 의지로 디지털 사용을 줄이라고 하는 것보다는 디지털과 먼 상황(환경)을 만드는 것이 더 현명할 수 있습니다. ✎

스마트폰을 오래 하면
아이큐가 떨어질까?

"중학생 딸아이가 학교에서 체험감상문 숙제를 받아왔어요.
경복궁을 보고 자신의 생각과 감상을 적는 숙제였어요. 딸아
이가 친구들과 경복궁에 다녀왔는데 생각보다 너무 일찍 왔더
군요. 경복궁의 내·외부를 찬찬히 보고 온 게 아니라 사진만 찍
고 돌아온 거예요. 그리곤 스마트폰에서 경복궁을 검색하더니,
그걸 짜깁기해서 숙제를 제출하더군요."

"스마트폰을 오래 하면 정말 아이큐가 떨어지나요?"
많은 양육자가 우려하고 궁금해하는 부분입니다. 결론부터 말하자
면 아직 명확한 연구 결과는 나오지 않았습니다. 디지털 기기와 뇌의
관련성에 대한 연구는 계속되고 있지만 여전히 기초적인 수준입니
다. 하지만 참고할 만한 연구들은 있습니다. 텍사스대학 오스틴 캠퍼
스 연구팀이 2017년 미국 소비자연구협회저널(Journal of the Association
for Consumer Research)에 발표한 논문에 의하면, 가까운 곳에 스마트
폰이 있으면 집중력이 분산됩니다.[44] 연구팀은 두 가지 실험을 했

습니다. 첫 번째 실험에서 520명의 스마트폰 사용자에게 스마트폰 전원을 끄도록 했습니다. 그리고 스마트폰을 다른 방에 놓거나 책상 위에 올려놓거나, 아니면 주머니(가방)에 넣는 세 가지 방법으로 분류했습니다.

이후 집중력을 필요로 하는 컴퓨터 관련 시험을 실시했습니다. 결과는 흥미로웠습니다. 스마트폰을 다른 방에 놓은 실험 참가자들의 성적이 가장 높았습니다. 특히 책상 위에 스마트폰을 둔 사람들보다 성적이 크게 높았으며, 주머니에 넣은 사람은 중간 정도의 성적을 기록했습니다. 두 번째 실험에서는 275명이 같은 과정을 거치되 컴퓨터 시험을 진행하기 전, 스마트폰에 의존하는 수준에 대한 질문을 던졌습니다. 결과는 스마트폰에 많이 의존한다고 답한 참가자들 성적이 가장 나빴습니다. 다만 스마트폰이 책상 위 혹은 주머니에 있을 때만 그랬습니다. 다른 방에 스마트폰을 놓은 경우, 스마트폰 의존도가 성적에 중요한 영향을 주지 않았습니다. 연구팀은 물리적으로 떨어진 곳, 즉 스마트폰을 손이 닿지 않는 곳에 두어야 주의력이 떨어지지 않는다는 결론을 내놨습니다.

과도한 스마트폰 사용은
아이들의 학습능력을 떨어뜨린다

일본 홋카이도대학 가와하라 준이치로 교수도 비슷한 실험을 했습니다. 스마트폰 사용자 38명을 대상으로 컴퓨터 모니터에 나온 여러 도형 중에서 T자 모양 도형을 찾는 데 걸린 시간을 측정했습니다. 이때 두 개 조로 나눴는데, 20명으로 이뤄진 조에는 모니터 옆에 스마트폰을 놓게 했습니다. 나머지 18명으로 이뤄진 조에는 스마트폰과 같은 크기의 메모장을 놓은 뒤 시간을 측정했습니다. 결과는 차이가 있었습니다. 스마트폰을 모니터 옆에 놓아둔 참가자들이 T자 모양 도형을 찾는 데 걸린 시간은 평균 3.66초, 메모장을 놓아둔 참가자들은 평균 3.05초였습니다. 스마트폰보다 메모장을 놓아둔 조가 더 빨랐습니다. 얼마쯤 한계는 있지만 스마트폰을 가까이 두면 주의력이 떨어진다는 주장이 나올 수 있습니다.

주의력이 그러했다면 인지기능은 어떤 영향을 받을까요? 인지기능은 단기기억력(작업 기억), 학습능력(유동성 지능), 문제해결 능력(결정성 지능)과 관련이 있습니다. 분명한 것은 인지능력이 떨어지면 중독에 더 취약해집니다.

김대진 교수 연구팀이 (스마트폰은 아니지만) 인터넷 게임 중독과 인지기능의 상관관계를 연구한 바 있습니다. 19~35세 성인 남녀를 대상으로 인터넷 게임 중독군 55명, 정상이용군 58명이 참여했습니다. 연구 결과에 따르면 중독군은 정상이용군에 비하여 뇌 기능 연결성이 저하되었습니다. 이렇듯 뇌의 주요 네트워크에서 연결성이 저하되면 이해력, 언어력, 계산능력 등이 떨어집니다. 이는 전두엽과 관련되어 있는 부분입니다. 즉 전두엽의 저하된 기능적 연결성은 과도한 인터넷 게임이 인지조절 기능의 결손과 관련이 있음을 보여줍니다. 다만 이런 인지기능의 저하가 인터넷 게임 때문인지, 아니면 인지력이 떨어지는 아이들이 게임을 한 것인지는 더 심도 있는 조사연구가 필요합니다만, 중독군에서 인지력이 떨어지는 건 분명했습니다.

스마트폰 과사용과 인지기능 간 상관관계를 살펴본 연구들은 과도한 스마트폰 사용이 인지기능에 다음과 같은 영향을 줄 수 있다고 말합니다. 첫째, 스마트폰 의존도가 높은 사람은 인지 자원을 많이 사용합니다. 문제는 인지 자원은 한정되어 있다는 것입니다. 때문에 스마트폰에 집중할 경우, 다른 일을 사용할 수 있는 가용 인지능력은 떨어질 수밖에 없습니다.

둘째, 스마트폰을 자주 많이 사용할수록 학업능력이 떨어진다는 다수의 연구 결과도 있습니다. 아이들 스스로 배우고 익히려는 노력보다는 스마트폰에 점점 더 의지하게 되면서 아이들의 학습능력은 떨어질 수밖에 없습니다.

셋째, 어떤 문제를 해결하려고 할 때, 분석과 사고보다는 검색으로 먼저 들어갑니다. '호모 사피엔스(생각하는 인간)'보다는 '호모 서치엔스(검색하는 인간)'로 변해가는 셈입니다. 이때 검색은 수동적이고 기계적인 검색을 뜻합니다. 중요한 것은 단편적인 정보 검색이 아니라 가치 있는 정보를 찾아 다른 정보(지식)와 연결시키는 편집능력입니다. 편집능력은 사고에 의해서 분석력을 갖출 때 가능합니다. 따라서 정보가 검색으로, 검색이 지식으로, 지식이 지혜로 창조적

스마트폰의 과사용은
아이들의 학습 능력을 떨어뜨린다.

전환을 이루려면 무엇보다 편집능력이 필요합니다.

인터넷 중독,
아이들의 IQ가 낮아지고 있다

영국의 과학전문지 〈뉴사이언티스트〉는 2014년 덴마크, 노르웨이, 영국, 호주 등에 사는 사람들의 아이큐가 1990년대 후반을 정점으로 떨어지고 있다는 기사를 실었습니다.[45] 기사를 살펴보면 덴마크는 병역 신체검사에서 측정한 18세 남성의 아이큐가 1950년부터 1980년대까지 10년마다 평균 3포인트씩 올랐습니다. 그러나 1998년을 정점으로 이후에는 아이큐가 10년마다 2.7포인트 떨어졌습니다. 노르웨이도 1990년대 후반부터 신체검사를 받는 18세 남성의 아이큐가 10년마다 0.38포인트 하락하는 추세였습니다. 영국, 호주도 1990년대 후반부터 아이큐가 떨어지는 비슷한 패턴을 보였습니다. 이는 고도성장을 이루면서 절대 빈곤과 굶주림에서 벗어나 영양 상태 등이 좋아졌고, 그 영향으로 아이큐가 높아지는 '플린 효과'[46]가 한계에 도달한 것 아니냐는 분석을 낳기도 했습니다. 영양·교육 여건이 충분히 좋아지자 지능 수준이 정체되거나 떨어진다는 의견입니다. 또 지적 수준이 높은 여성들의 출산율 저하도 원인으로 지목되기도 했습니다. 다른 원인으로는 컴퓨터, 게임기, 스마트폰 등 디지털 기기를 꼽았습니다.

김대진 교수 연구팀도 이와 관련하여 비슷한 연구를 실시했습니다. 인터넷 중독으로 진단받은 중고생 59명의 아이큐를 검사했더니 평균 97.7이 나왔는데, 이는 일반 학생(102.4)보다 5포인트 가량 낮은 수치였습니다. 연구팀은 인터넷 중독 기간이 길수록 수리력이 떨어지고, 처음 중독된 나이가 어릴수록 숫자 암기력이 떨어진다는 연구 결과를 내놓았습니다.

지금 스마트폰 보급률이 전 세계에서 최상위권에 속하는 우리나라는 스마트폰 과의존 문제가 다른 나라보다 더 심각합니다. 우리나라 아이들은 이른 나이에 스마트폰을 손에 쥡니다. 식당이든 카페든 마트든 부모가 데리고 나온 아이의 모습을 보면 쉽게 확인할 수 있습니다. 심지어 청소년들은 연령 제한이 있는 게임이나 영상물도 스마트폰을 통해 비교적 쉽게 접할 수 있습니다.

스마트폰은 다양한 기능을 집대성한 디지털 기기의 총아입니다. 아이러니하게도 그 최첨단의 총아가 진화할수록 우리 아이들의 지능은 퇴보하고 있습니다. 일상의 많은 부분을 스마트폰에 과도하게 의존하면서 아이들의 뇌도 조금씩 약해지고 있습니다. ✿

아빠가 게임을 좋아하면
아들도 게임을 좋아할까?

'퇴근 후 집에 오면 게임부터 찾았다. 직장에서 받았던 스트레스 때문이었다. 푹신한 소파에 누워 게임 삼매경에 빠져 있는 순간이 하루의 낙이었다. 그런 내 옆에서 아이는 게임 화면을 흥미로운 듯 바라보곤 했다. 그런데 아이가 크면서 문제가 생겼다. 자식은 부모의 거울이라고 했던가. 언제부터인가 아이는 집에 있는 시간을 내내 게임을 하며 보냈다. 게임에 빠져 있는 아이를 보며 아차, 싶었다.'

우리는 일상에서 흔하게 '유전의 힘'을 맞닥뜨립니다. '굳이 얘기 안 해도 엄마 딸인 거 금세 알겠네.' '얼굴이 딱 아빠네.' 생김새는 물론 닮은 꼴 신체 부위 등을 통해 유전자의 힘을 확인합니다. 성격과 성향도 빠질 수 없습니다. 어쩜 그렇게 똑같은 성격이 피를 따라 흐르는지 신기할 때도 있습니다. 그 와중에 안타깝거나 '슬픈 유전력'도 있습니다. 암과 같은 질환에 유전은 치명적인 힘을 발휘합니다. 건강검진을 할 때 암에 대한 유전력을 따져보는 이유가 여기에 있습니다.

그런데 페이스북, 트위터, 인스타그램 등 SNS에 쉽게 빠지게 하는 유전자가 따로 있다는 연구도 있습니다.[47] 영국 킹스칼리지 연구진이 일란성, 이란성 쌍둥이 각각 4,250명을 대상으로 SNS 사용과 온라인 게임, TV시청 등 미디어 사용습관을 따져봤습니다. 연구진은 SNS는 24%, 온라인 게임 중독자의 39%는 선천적이라고 주장했습니다. 로버트 플로민 킹스칼리지 교수는 "SNS를 사용하는 시간이 많을수록 SNS에 쉽게 중독되는 유전자를 갖고 태어났을 가능성이 높다. 그런 유전적 요인이 있는 사람은 의지가 약해서 SNS에 빠지는 것이 아니다"라고 말했습니다.

부모의 나쁜 습관을 아이는 그대로 따라한다

중독이 유전된다는 연구도 있습니다.[48] 미국 텍사스대학 케네스 블럼 교수팀은 알코올, 약물, 폭식, 도박 등 중독을 일으키는 유전자가 있다고 보고했습니다. 도박 중독자의 직계 친척 중 20%가 도박 중독에 빠졌으며, 알코올 중독자는 25~50%에 달했습니다. 알코올 중독자 부모에게 태어나 다른 가정에 입양된 사람 중 62%가 성인이 된 뒤 알코올 중독이 됐다는 역학조사도 있습니다.

이는 도파민 유전자가 중독 성향과 밀접한 관련이 있기 때문입니다. 따라서 유전적 특성에 따라 중독에 대한 민감도 차이가 있습니다. 다만 이런 연구들을 통해 스마트폰 등 디지털 기기에 중독된 양육자와 아이 사이에 '중독 유전자'가 존재한다고 섣불리 결론 내리기는 어렵습니다. 아직 그런 연구가 활발히 진행되지 않았습니다.

그런데 유전자보다 중요한 것이 있습니다. 양육자의 일상 습관입니다. 자녀는 양육자를 모델로 삼거나 절대적인 영향을 받으면서 자랍니다. 양육자가 일상에서 보이는 태도와 말투 등이 자녀에게 미치는 영향은 놀라울 정도로 큽니다. 성격이 비슷해지는 것도 유전자뿐 아니라 자라면서 양육자의 성격을 보고 배우는 영향도 있습니다. 아이가 서울에서 태어났어도 양육자 고향이 다른 지역이어서 그 지역 말투를 썼다면 아이 말투에도 그 지역성이 묻어나기도 합니다. 이처럼 의식하든 그렇지 않든 아이는 양육자의 모든 것을 닮아갑니다.

게임 중독도 비슷합니다. 양육자가 게임에 중독되었다고 가정합시다. 늘 게임에 노출된 양육자를 보고 자란 아이는 분명 영향을 받습니다. 한 연구에 따르면 양육자가 자녀를 온라인 게임에 초대하거나 함께하는 빈도가 잦을수록 자녀가 게임 중독에 빠질 가능성이 높습니다.[49] 이것은 게임을 하는 양육자의 모습을 아이가 보고 따라 한 결과라고 할 수 있습니다.

양육자의 스마트폰 사용과 관련한 다른 연구는 양육자의 과도한 디지털 기기 사용이 자녀의 행동 문제와 연관성이 있다고 보고했습니다.[50] 양육자가 디지털 기기에 의존하는 시간이 길수록 양육자와 자녀 사이에 적절한 상호작용이 잘 이루어지지 않기 때문입니다. 이는 곧 자녀의 정서와 행동에 문제로 드러날 수 있습니다.

양육자가 게임이나 스마트폰 과의존 상태라면 아이와 나누는 상호작용은 부족할 수밖에 없습니다. 그 영향으로 양육자와 아이가 친밀감을 나누는 시간도 부족해지고, 교감이나 관계 형성도 제대로 이뤄지지 못할 수 있습니다.

부모의 디지털 기기 사용, 특히 더 조심해야 하는 이유

디지털 기기 사용습관과 관련하여 유전성이 일부 발현될 수도 있습니다. 아빠가 게임을 좋아하면 아이도 게임을 좋아할 확률이 높습니다. 특히 중독은 더욱 유전에 취약합니다. 중독은 환경보다 유전성이 더 강합니다.

환경적 유전과 생물학적 유전이 모두 작동할 수도, 한쪽만 작동할 수도 있습니다. 다만 유전성이 있다고 해도 모든 자녀가 게임 중독에 빠지는 것은 아닙니다. 아이가 게임에 많이 노출되었다고 모두 게임에 중독되지는 않습니다. 유전성을 일부 물려받았다 하더라도 아이를 둘러싼 환경이 어떻게 작동하고, 개인 특징이 어떻게 발현되느냐에 따라 달라집니다. 가정환경의 경우 아이는 양육자의 스마트폰 사용습관에 가장 크게 영향을 받습니다.

쌍둥이의 경우 게임 중독의 경향성은 이란성보다 일란성에서 높게 나옵니다. 일란성은 완벽하게 유전자가 동일합니다. 때문에 양육자가 게임을 좋아한다면 아이에게 더 신경을 써야 합니다. 유전적으로 취약한 사람은 예방에 더 노력해야 합니다. 앞서 말했듯이 중독이나 과의존은 의지의 힘만으로는 해결할 수 없습니다. 디지털 기기에 아이가 노출되는 환경을 줄이는 것이 중요합니다. ✎

스마트폰에 '스마트'가 없는 이유

"책을 꼭 읽어야 하나요? 나대신 책을 읽어주는 북튜버 채널
도 많고, 글자를 긁으면 의미를 알려주는 펜도 있는데, 굳이 왜
내가 직접 읽어야 하나요? 스마트폰 하나만 있으면 뭐든 다 해
결할 수가 있어요. 책보다 더 편하고 더 빨라서 너무 좋아요."

인류 역사는 어쩌면 뇌가 발달해온 과정이었습니다. 뇌가 극적으
로 발달하면서 인류는 문명의 발전을 거듭했고, 마침내 디지털 기
기를 하나로 집대성한 스마트폰을 내놨습니다. 하지만 아이러니하
게도 우리가 만든 스마트폰에 우리 자신이 갇히는 형국이 되어가
고 있습니다. 뇌를 작동할 필요 없이 스마트폰에 전적으로 의존하
면서 어쩌면 우리는 점차 스마트폰만 바라보는 '좀비'가 되어가고
있는지도 모릅니다. 특히 청소년 시기에 스마트폰의 지나친 사용
은 아이들의 뇌 성장을 가로막는 주된 원인이 되었습니다.

주변을 둘러보면 모든 신경과 뇌 기능을 스마트폰에 집중하는 이른바 '스몹비(smombie)'를 흔히 볼 수 있습니다. 이에 따라 우리는 그 부정적인 대가를 톡톡히 치르고 있습니다. 스마트폰에 빠져 잠을 제대로 이루지 못해 피로가 누적되거나, 스마트폰의 과사용으로 기억력과 인지능력이 떨어지기도 합니다. 디지털 읽기에 익숙해지면서 문해력이나 언어능력이 떨어지는 경우도 늘고 있습니다. 이처럼 정신적으로 기능하지 않고 좀비처럼 변하는 것에 대하여 정신분석가이자 심리학자인 마이클 아이건은 '정신적 죽음(psychic deadness)'이라는 용어를 썼습니다.

이제는 신중하게 새로운 처방을 내려야 할 시간입니다. 자극에 쉽게 빠지고 중독되는 인간의 생리 조건을 봤을 때, 스마트폰은 인간의 머리 꼭대기에 올라 우리(의 뇌)를 지배할 공산이 다분합니다. 스마트폰의 확장력은 앞으로 어디까지 뻗어 나갈지 예측이 불가할 정도입니다. 이제 우리는 뇌를 다시 가동할 필요가 있습니다. 스마트폰의 폭주로부터 우리 아이들의 뇌를 지켜야 하기 때문입니다.

잠을 못 자는 아이들 : 수면의 상실

많은 사람들이 스마트폰 사용으로 인해서 수면에 방해를 받고 있는 것은 자명한 사실입니다. 잠자리 맡에서도 스마트폰을 붙잡고 있는 통에 잠이 끼어들 여지가 없습니다. 스마트폰이 발산하는 블루라이트도 수면을 방해하는 요소입니다. 어쩌면 많은 가정에서 매일 밤 전쟁이 벌어지고 있을지 모릅니다. 잠을 자라고 권하는 양육자와 스마트폰을 붙잡고 있는 아이들 사이에서 불꽃 튀는 눈치 작전 말입니다.

2016년 기준, 한국인의 평균 수면 시간은 7시간 41분이었습니다. 경제협력개발기구(OECD) 회원국 중 최하위로, OECD 평균(8시간 22분)보다 41분 짧았고 2012년 조사 때보다 8분 더 짧아졌습니다. 이런 짧은 수면시간은 우리 사회가 얼마나 스트레스가 높은지를 단적으로 보여줍니다.

수면시간은 다음 날 활동에 직결되는 요인입니다. 충분하지 못한 수면은 다음 날 몸과 마음에도 좋지 않은 영향을 미칩니다. 아이들도 학교 활동에 바로 영향을 받습니다. 그런데도 아이들은 스마트폰을 쉽사리 포기할 생각이 없습니다. 학교와 학원 등에 지친 아이들이 잠들기 전, 스마트폰이라도 하지 않으면 스트레스를 풀 방법이 없기 때문입니다. 어른 못지않게 더 분주하게 하루를 살아가는 아이들에게 스마트폰은 어쩌면 유일한 해방구입니다.

하지만 스마트폰은 아이들의 수면 패턴에 악영향을 미칩니다. 김대진 교수 연구팀이 스마트폰과 수면의 관계를 연구한 바에 따르면, 스마트폰에서 발산하는 블루라이트(청색광)는 호르몬 교란을 유발하여 수면 리듬을 무너뜨립니다. 사람에게는 일주기 리듬(circadian rhythms)이 있습니다. 하루(24시간)의 주기를 갖는 일주기 리듬은 수면, 체온, 각성 등 다양한 호르몬 변화에 영향을 줍니다. 일주기

스마트폰의 블루라이트 자극은
수면의 질을 떨어뜨린다.

리듬을 조절하는 생체조직을 생체시계라고 하는데, 이 생체시계를 작동하는 내부 요인이 뇌 시상하부의 '상시각교차핵'이라면, 환경과 개인의 행동양식 등이 외부 요인입니다. 한번 떠올려볼까요. 해외여행을 할 때 시차 때문에 일주기 리듬에 문제가 생겨 어려움을 겪기도 합니다. 생체시계는 이처럼 낮과 밤, 온도, 사회적 요인 등의 영향을 받아 수면각성 리듬에 영향을 줍니다. 이때 빛이 중요한 역할을 합니다. 생체시계를 외부 시간에 동조하게 만드는 것이 바로 빛입니다.

우리는 주변이 캄캄해야 잠을 편히 취할 수 있습니다. 수면 유도 호르몬인 멜라토닌이 어두울 때 많이 나오기 때문입니다. 그러나 스마트폰의 블루라이트 자극이 있으면 뇌가 밤을 낮으로 착각해 호르몬 분비가 원활하지 않게 됩니다. 즉 블루라이트가 일주기 리듬을 늦춰 수면 잠복기가 길어지면 쉽게 잠들지 못하고 수면의 질도 낮아집니다. 블루라이트는 TV 모니터보다 스마트폰에서 더 많이 나옵니다.

청소년을 대상으로 스마트폰 과의존과 일주기 리듬의 연관성을 따져보니, 스마트폰 과의존군에서 수면의 질이 낮아졌고, 낮 시간 활동이나 움직임이 크게 떨어졌습니다. 청소년기는 일주기 리듬이 지연되는 시기입니다. 청년에 접어들고서 일주기 리듬이 다시 앞으로 당겨질 수 있지만, 청소년기에 스마트폰 과의존 상태는 일주기 리듬의 불균형을 지속시키거나 악화시킵니다. 이는 곧 일상생활에서 어려움을 겪게 되는 요인이 될 수 있습니다. 김대진 교수 연구팀에 의하면 스마트폰 과의존 위험군은 잠에 들기 전 스마트폰 사용시간이 길었고, 수면의 질도 낮게 나왔습니다.

영화나 드라마를 보면 잠자리에 든 주인공이 스마트폰을 보고 있는 장면이 흔하게 등장합니다. 그만큼 하루를 스마트폰으로 시작하고 스마트폰으로 마감하는 모습은 이제 익숙한 일상이 되었습니다. 그 결과는 수면 부족입니다. 잠을 제대로 자지 않은 채 하루를 제대로 보낼 수는 없습니다. 잠은 인생의 3분의 1을 차지할 정도로 중요합니다. 수면의 질을 떨어뜨리거나 수면 리듬을 방해할 수 있는 스마트폰은 잠에게 빛 공해입니다.

아이들의 스마트한 수면을 위해 가장 좋은 방법은 스마트폰을 멀리 두는 것입니다. 잠자기 전에는 두뇌활동을 최소화해야 숙면으로 이어집니다. 스마트폰 때문에 뇌가 계속 활동한다면 수면의 질이 낮아질 수밖에 없습니다. 수면 부족에 시달리는 아이는 다음 하루를 스마트하게 보낼 수 없습니다.

기억을 못 하는 아이들 : 기억능력의 상실

스마트폰은 확실히 일상을 편리하게 해줬습니다. 길을 찾는 것도 쉽게 해결해주고, 당장 무언가 알고 싶을 때 궁금증을 해소해줍니다. 놀라운 속도로 발전한 디지털 기술은 더 나아가 삶의 방식을 바꾸고, 우리가 생각하고 배우고 행동하는 방식까지 바꾸고 있습니다. 당장 부엌이나 욕실, 그리고 집 밖에서도 우리는 집의 모든 것과 연결되어 이를 조절하고 움직일 수 있습니다. 참으로 놀라운 세상입니다.

디지털 기기를 통해 언제 어디서든 접속하고 원하는 정보를 찾아볼 수 있다는 기술의 진보는 반면에 지력의 쓸모를 약하게 만들었습니다. 스마트폰으로 검색하는 손이 빨라지는 동안, 찾은 정보를 애써 기억하거나 머릿속에 담아두려고 하지 않습니다. 뇌를 움직이기보다 손이 바빠지면서 뇌는 점점 그 힘을 잃어가고 있습니다. 정보를 기억하는 데 손놀림 이상의 노력을 기울이지 않는 이런 현상을 '구글 이펙트(Google Effect)'라고 일컫습니다.

우리 뇌는 다양한 환경과 상호작용하면서 적응하고 변화해갑니다. 몸의 근육처럼 자주 사용하는 부위는 더욱 발달하고 사용하지 않는 부위는 점점 퇴화합니다. 기억하는 능력 또한 마찬가지입니다. 주변에서 이런 이야기를 듣거나 직접 경험한 경우가 있을 겁니다. '왜 예전처럼 노래 가사를 외울 수가 없지?' 집중력이 떨어지고 당장 단어가 떠오르지 않아 답답한 상황에 처하기도 합니다. 노래방의 등장과 유튜브의 범람으로 예전처럼 노래 가사를 외울 필요가 없습니다. 외우고자 애를 쓰지도 않습니다. 스마트폰을 통해 가사를 보면서 부릅니다. 내비게이션이 등장하고 이것이 스마트폰으로 들어가면서 애써 지도를 찾고 길을 외우지도 않습니다. 이렇듯 외우지 않아도 기억하지 않아도 편리한 세상이 되었습니다.

복잡한 도시의 골목길을 외워야 했던 런던의 택시기사들. 이들의 뇌에서 기억력을 담당하는 해마가 두드러지게 발달했다는 연구는 이제 과거의 이야기가 되었습니다. 글로벌 사이버보안 업체인 카스퍼스키랩(Kaspersky Lab)은 2015년 유럽 6개국 6,000여 명을 대상으로 배우자나 애인, 자녀의 전화번호를 얼마나 기억하는지 조사했습니다. 응답을 보니 53%는 자녀의 전화번호를 기억하지 못하고, 33.5%는 배우자나 애인의 전화번호를 머릿속에 담아두지 않았습니다. 이 조사는 디지털 기기에 대한 신뢰와 의존도가 높아질수록 사람의 기억력이 감소한다는 것을 보여줍니다. 이처럼 디지털 기기에 대한 의존도가 높아지면서 중요한 정보를 기억해내지 못하는 현상을 '디지털 치매(Digital Amnesia)'라고 부릅니다. 디지털 치매는 디지털 기기에 정보를 저장했다는 이유로 머리에 기억하지 않고 잊어버리는 것입니다.

'똑똑한 바보'라고 해야 할까요. 국내에서도 700명을 대상으로 비슷한 조사를 한 결과, 한 사람이 기억하고 있는 전화번호 개수가 평균 7개로 나타났습니다. 20대 6개, 30대 7개로 40·50대가 기억하는 8개보다 적었습니다. 친한 친구의 전화번호를 기억하느냐는 질문에 46.9%가 기억하지 못한다고 답했습니다. 연령대별로 20대가 34.5%로 가장 낮았고, 30대는 39.4%, 40대가 60.7%로 가장 높았습니다.[51]

잦은 빈도로 여러 미디어를 이용하는 사람은 일반 미디어 사용자보다 작업 기억 능력이 떨어지며, 장기 기억력도 감소한다는 연구 보고도 있습니다.[52] 과도한 미디어 사용자는 정보를 저장하는 데 있어 꼭 필요한 것은 기억하지 못하는 오류를 많이 범했던 반면, 불필요한 주변 요소는 상대적으로 많이 기억하기도 했습니다.

휴대폰이 본격 보급되면서 사람들은 과거보다 전화번호를 머리에 집어넣지 않았습니다. 아니, 기억하지 못하게 되었습니다. 뇌는 쓰지 않으면 잊어버립니다. 뇌도 용불용설(用不用說)이 적용됩니다. 이처럼 편리에 익숙해지면서 집중력과 기억력을 담당하는 뇌의 기능이 차츰 떨어지고 있습니다. 지속적인 자극으로 후두엽은 과도하게 활성화되는 반면, 인지기능에 필요한 나머지 대뇌 부위는 활성이 줄어듭니다.

생각보다 검색에 더 익숙해지면서 청소년들의 주의집중력과 기억력은 점점 더 떨어지고 있습니다. 기억을 담당하는 해마에 문제가 생긴 탓입니다. 이런 영향으로 '영츠하이머'라는 말도 생겼습니다. '젊음(Young)'과 '알츠하이머(Alzheimer)'를 합성하여 젊은 나이에 심각한 건망증 증상을 보이는 사람을 뜻하는 말입니다. 검색창을 띄워놓고도 자신이 무엇을 검색하려고 했는지 생각이 나지 않거나, 메시지를 주고받다가도 자신이 어떤 말을 하려고 했는지 기억나지 않는 것도 건망증의 일부일 수 있습니다. 과도한 스마트폰 사용이 뇌의 기억력을 떨어뜨린 탓입니다.

스마트폰은 모든 것과의 연결을 지향합니다. 그 결과 다양한 지식과 정보가 연결되어 필요 이상의 정보를 나에게 끊임없이 밀어 넣습니다. 과도한 외부 세계와의 연결이 뇌에 과부하를 일으키고, 점차 뇌의 힘을 떨어뜨립니다. 스마트폰으로 과도한 연결을 맺고 있으면 긴장 상태에서 분비되는 신경전달물질이 뇌 안에 축적되어 피로감을 불러옵니다. 끊임없이 울리는 알림과 메시지는 지속적으로 집중력과 주의력을 분산시킵니다. 그 영향으로 정작 필요한 때 뇌가 기능을 하지 못하는 결과를 낳습니다. 뇌도 휴식이 필요합니다. 이른바 '멍'을 때리는 시간이 필요합니다. 비우고 덜어내야 정말 중요한 순간에 뇌는 제 기능을 발휘할 수 있습니다.

생각을 못 하는 아이들 : 인지능력의 상실

아동기와 청소년기에 과도한 스마트폰 사용이 해로운 이유가 또 있습니다. 이 시기는 시냅스가 형성되는 결정적 시기이자 수많은 시냅스들이 각축장을 펼치면서 무엇이 살아남을지 판가름 나는 시기입니다. 이때 살아남은 시냅스들은 뇌 안에서 거대한 숲을 이룹니다. 그런데 이 시기에 스마트폰 등 디지털 기기에 과도하게 의존하게 되면 시냅스 발달에 제동이 걸립니다.

청소년기에는 생각하는 능력을 담당하는 시냅스가 활발히 생성되어야 합니다. 이 시기에 가장 늦게까지 발달을 지속하는 부분은 사고력, 충동 조절과 주의집중력에 필수적인 전두엽입니다. 이 중에서도 전전두엽은 의사결정, 장기계획, 충동성 등 감정 및 고도의 사고기능을 담당하며 30대 초반까지도 성장을 계속합니다. 사춘기에 위험을 알면서도 무모한 도전을 하거나 사고를 치는 것도 전전두엽이 계속 발달하는 과정에 있기 때문입니다. 자동차를 잘 모르면서 무작정 스피드를 내며 달리는 부주의한 운전자가 청소년기의 뇌와 같습니다. 의사결정 능력이 완전히 발달된 상태가 아니라는 이유로 2012년 미국 연방대법원은 살인을 저지른 청소년에 대해 종신형 선고를 금지하기도 했습니다. 이처럼 청소년기는 충동을 억제하거나 사고를 담당하는 전전두엽이 미숙하기 때문에 위험을 무릅쓰기도 합니다.[53]

그런데 디지털 기기에 생각과 주의집중을 빼앗기면 뇌 발달은 지연되고 기능 저하도 일어납니다. 당장 주어지는 재미와 자극에 반응하면서 사고기능이 떨어지고 사고력 발달은 뒷전이 됩니다. 그 영향으로 아이들은 갈수록 생각을 싫어하게 되고, 자극이 난무하는 디지털 세계에 탐닉합니다. 다양한 자극이 넘쳐나는 디지털 세계는 지루하지 않습니다. 각종 게임을 비롯해 폭력 영상과 음란 영상을 쉽게 경험할 수 있습니다. 하다못해 뉴스도 끊임없이 '제목 장사' 등을 통해 새로운 자극을 주면서 클릭을 유도합니다.

과도한 스마트폰 사용은 아이들의 뇌를 수동적으로 이끕니다. 전두엽을 쓰지 않게 되면서 무비판적으로 자극을 받아들입니다. 그 결과 아이들이 가진 잠재적 지능에 훼방을 놓고 학습능력을 떨어뜨립니다. 스마트폰은 끊임없는 자극으로 다양한 재미를 느끼게는

스마트폰에 대한 의존도가 높아지면서
아이들의 인지능력은 점점 약해지고 있다.

해주지만, 그 사이 뇌의 인지능력은 조금씩 희생되는 결과를 초래합니다. 이를 '두뇌 유출(brain drain)'이라고 표현하기도 합니다. 스마트폰 때문에 인식능력과 인지력이 떨어지는 현상을 일컫는 말입니다.[54]

앞서 텍사스대학 오스틴 캠퍼스 연구팀이 스마트폰이 인지능력에 미치는 영향에 대해 실험한 결과, 스마트폰은 그 존재만으로 제한된 인지능력마저 뺏어갑니다. 인지적 대가는 스마트폰에 대한 의존도가 높을수록 더 크게 드러납니다. 의식적으로 스마트폰 생각을 하지 않으려는 생각 자체가 인지 자원을 소모합니다. 기술 발전은 스마트폰을 거듭 진화된 형태와 기능으로 채우지만 두뇌는 그에 비례하지 않습니다. 스마트폰은 두뇌의 활용 과정을 삭제합니다. 아니, 정확하게는 스마트폰을 사용하는 사람이 뇌를 덜 사용하면서 뇌가 퇴화합니다. 스마트폰 사용의 부작용이 나타나는 셈입니다. 그런 부작용에 대한 연구도 보고 된 바 있습니다.[55]

이스라엘 벤구리온 대학교 아비드 하다르 교수팀은 2017년 스마트폰을 많이 이용하는 사람 16명과 전혀 사용하지 않는 사람 35명을 대상으로 단순 수학 문제를 풀도록 했습니다. 그 결과, 스마트폰 과다 이용자가 상대적으로 성적이 나빴습니다. 김대진 교수 연구팀도 과도한 인터넷 게임에 빠져든 사람의 뇌를 살펴보니 뇌의 주요 기능이 그렇지 않은 사람에 비해 떨어지는 것을 확인했습니다. 특히 전두엽의 기능적 연결성이 떨어졌는데, 이는 과도하게 인터넷 게임을 한 경우 인지조절기능의 결손과 관련이 있었습니다. 따라서 아이들의 학습능력을 키우고자 한다면 스마트폰에 의존하는 습관부터 다시 생각해봐야 합니다.

읽고, 쓰고, 말하지 못하는 아이들 : 언어능력의 상실

'국어 실종.' 무슨 소리인가 했습니다. 학생들의 문해력 수준을 묻는 질문에 교육 현장에 있는 한 교사가 이렇게 잘라 말했습니다. 글을 읽지 못한다고 했습니다. 아니, 글을 이해하지 못한다고 했습니다. 교과서에 나온 어휘를 모르거나, 읽을 수는 있어도 무슨 말인지 이해하지 못하는 학생이 요즘 확연히 늘었다고 했습니다.

"유튜브에 나오는데 제가 왜 해석하죠?"[56] 방송과 신문에서 문해력을 다룬 기사에 단골처럼 나오는 질문입니다. 한 신문에는 경북 포항의 한 초등학교 교사가 읽기 수업을 진행하다가 맞닥뜨린 학생의 질문을 전합니다.

"나 대신 책을 읽어주는 '북튜버' 채널도 있고, 글자를 긁으면 알려주는 펜도 있는데 굳이 왜 내가 직접 읽어야 하나요?"[57] 굳이, 애를 써서 눈과 머리로 읽을 필요가 있냐는 스마트폰 시대에 걸맞은 질문입니다.

실제로 2018년에 치러진 수능에서 국어는 1등급 커트라인이 80점대로 역대 최저 점수를 기록했습니다. 이에 한 국어국문학과 교수는 "읽기 능력이 지속적으로 떨어지고 있다"고 분석했습니다. 어쩌면 읽고 싶어도 읽히지 않는 것인지도 모르겠습니다.

글을 읽지 못하는 '문맹률'을 놓고 보면, 우리나라는 세계에서 가장 낮은 수준에 육박합니다. 하지만 문장의 뜻을 파악해서 생활에 적용하는 문해력을 놓고 보면 이야기는 달라집니다. 우리나라 문해력은 OECD 회원국 중 하위권에 있습니다. 학교 현장에서도 학생들은 쉬운 어휘나 짧은 문장은 이해할 수 있지만, 문장이 길어지거나 어려운 단어가 나오면 전체적인 맥락과 문맥을 파악하지 못하는 일이 비일비재하게 일어나고 있습니다.

한국 학생들의 문해력은 스마트폰 등장과 함께 내리막을 걷고 있습니다. 만 15세를 대상으로 진행하는 국제학업성취도평가(PISA)가 있습니다. PISA 읽기 영역에서 한국 청소년은 2006년 1위를 차지했습니다. 하지만 이후 순위가 급격하게 떨어져 2015년 이후에는 9위까지 떨어졌습니다. 스마트폰 첫 등장이 2007년이라는 사실과 묘하게 맞아떨어졌습니다. 그렇다고 해도 다른 나라에도 스마트폰 등장이 매한가지였는데 유독 한국만 떨어졌다는 건 무슨 이유가 있을까요?

문제는 전체 순위 하락만이 아닙니다. 분포를 보면 하위권 학생들이 크게 증가했습니다. 전체의 32.9%가 하위권에 속합니다. 이는 교과서를 읽고 이해를 하지 못하는 비율이 전체 3분의 1에 이른다는 의미입니다. 과학적인 한글 덕분에 문자 해독률은 높지만, 문해력은 OECD 평균 이하이며 15세가 됐지만 22.4%는 초등학생 수준

이하라는 결과가 나왔습니다.

지상파 방송에 나온 어느 대학생은 글이 세 줄 이상 넘어가면 읽지 않는 습관이 들었다고 토로했습니다. 그는 기사를 읽어도 내용을 잘못 이해하고 있었다고 덧붙였습니다. 스마트폰의 좁은 스크린을 스크롤해서 읽는다고 생각해봅시다. 내용을 잘못 이해하거나 제대로 읽지 못한다는 말이 충분히 납득이 갑니다. 스냅숏처럼 찰칵찰칵 일부 문장만 훑어보니 그럴 수밖에 없습니다.

한마디로 '난독(難讀) 시대'입니다. 디지털 읽기의 특징이라고 말할 수도 있겠지만, 이것은 읽기, 쓰기, 말하기 등 언어능력을 퇴화하도록 만듭니다. 김대진 교수 연구팀이 수행한 연구에 의하면 스마트폰에 과의존하는 청소년(만 12~18세)들이 그렇지 않은 청소년에 비해 언어 관련 능력이 떨어졌습니다. 주당 평균 31시간 스마트폰을 이용하는 청소년은 평균 14시간 스마트폰 이용 청소년보다 해측두엽과 내측두엽의 뇌 기능 연결성이 저하됐습니다. 특히 스마트폰 중독 지수가 높을수록(스마트폰 평균 사용시간이 길수록) 하측두엽과 내측두엽의 뇌 기능의 연결성이 떨어진다는 연구 결과가 나왔습니다. 연구팀은 이와 관련하여 "청소년기 장기간의 과도한 스마트폰 사용은 언어를 처리하는 뇌 기능 연결망 형성에 부정적인 영향을 줄 수 있다"고 밝혔습니다.

아울러 스마트폰을 과도하게 사용하는 청소년은 기억을 저장하는 훈련을 충분히 하지 못해 언어능력이 떨어진다는 주장도 있습

스마트폰 등장 이후
청소년들이 글을 읽고 이해하는 능력은
계속 떨어지고 있다.

니다. 스마트폰이 기억력, 사고력 등을 담당하는 전두엽 성장을 방해하기 때문이라는 것입니다. 비슷한 연구를 한 여러 논문도 뇌가 자라는 청소년기에 과도한 스마트폰 노출은 좋지 않다고 보고하고 있습니다.

자동차도 달리지 않으면 기능이 저하하고 속력이 잘 나지 않듯이, 뇌도 훈련이 필요하고 쓰임새를 계속 자극할 필요가 있습니다. 뇌는 기억을 저장하고 다양한 상황에 맞는 언어사용을 훈련해야 좋은 상태를 유지할 수 있습니다. 그런 훈련을 스마트폰에 의존한다면 뇌는 자연스레 퇴화할 수밖에 없습니다.

감정을 읽지 못하는 아이들 : 공감능력의 상실

"우리에게는 귀가 두 개 있고 입이 한 개 있다. 그렇기에 우리는 말하는 것의 두 배만큼 들어야 한다." 이 말은 경청(傾聽)이 왜 중요한지 알려주는 격언입니다. 그렇다고 단순히 듣기만 잘하라는 뜻은 아닙니다. 경청을 통해 공감이 이뤄질 때, 서로 이해의 폭을 넓히고 상대의 차이를 인정할 수 있습니다.

공감(能)력. 요즘 이 말이 한층 중요해졌습니다. 사회 전반적으로 공감하는 능력이 떨어졌기 때문입니다. 스탠퍼드 대학교 새라 콘래스 교수 연구팀은 지난 20년간 청년들의 공감 능력이 40퍼센트 감소했다고 보고했습니다.[58] MIT 셰리 터클 교수는 이에 대해 "청년들이 온라인 세상을 항해하느라 현실의 대면 관계를 희생한 것이

공감 능력을 급감하게 만들었다"고 해석했습니다.[59]

김대진 교수 연구팀이 관찰한 결과도 비슷합니다. 연구팀은 스마트폰 과의존군 25명과 비의존군 27명을 대상으로 상대방의 표정 변화(정서 차이)에 의한 뇌기능의 활성화 정도를 관찰했습니다. 모니터를 통해 웃는 얼굴과 화난 얼굴을 번갈아 보여줬더니, 스마트폰 과의존군은 화난 얼굴이 제시된 뒤 반응 정도(민감도)가 비의존군보다 떨어졌습니다. 특히 과의존군은 뇌에서 갈등 탐지 및 조절과 관련된 배외측전전두피질과 전대상피질에서 활성화 정도가 상대적으로 떨어졌습니다. 또 사회적 상호작용과 관련된 영역에서도 과의존군의 뇌 활성도가 비의존군에 미치지 못했습니다.

이런 결과는 우리가 다른 사람들과 함께 있을 때 겪게 되는 불편한 경험들을 떠올리게 합니다. 다른 사람과 대화를 이어갈 때, 상대에게 집중하지 못하고 스마트폰에 눈길을 떼지 못했던 경험이 있을 겁니다. 내 앞의 상대가 스마트폰을 만지작거리거나 SNS를 확인하는 모습에 언짢았던 기억도 있을 겁니다. 그로 인한 오해와 갈등으로 서로의 관계에 조금씩 금이 갔던 씁쓸함. 이런 경험은 스마트폰 과의존이 대인관계에 미치는 부정적 영향을 뒷받침합니다.

여러 연구가 보고하듯이, 스마트폰이나 인터넷 등에 지나치게 많은 시간을 쓰고 의존한다면 의사소통이나 대면 관계에서 어려움을 가져올 수 있습니다. 당장 스마트폰에 과의존하는 청소년은 양육자와 대화하는 시간이 줄고, 친구 관계를 맺는 것도 힘들 수 있습니다.

상대에게 집중하지 못하고
스마트폰을 만지작거리는 모습,
함께 있어도 함께 있지 않다.

이러한 공감능력의 결핍은 곧 따뜻한 마음을 상실하는 것과 같습니다. 타인의 고통이나 아픔에 무감각해지는 것입니다. 하지만 다른 사람에 대한 깊은 공감만 할 수 있어도 편견을 없애고 갈등도 크게 줄일 수 있습니다. 또 분별없이 남을 괴롭히는 왕따(집단 따돌림)나 학교 폭력 등도 줄어들 겁니다.

공감은 사회적 접착제 역할을 합니다. 생존을 위해서라도 공감은 필수적인 요소입니다. 다른 사람을 이해하는 능력은 저절로 얻어지는 것이 아닙니다. 우리 아이들이 건강한 관계를 맺고 더 행복한 삶을 누릴 수 있도록 공감 능력을 키워주는 노력이 필요합니다. 스마트폰이 제아무리 초연결을 강조해도 공감이 가진 가치를 넘어설 수 없다는 점을 기억해야 합니다. ✤

뇌가 건강하면 스마트폰에도 잘 안 빠져요!
청소년기 뇌 건강에 좋은 생활습관 5

1. 일주일 세 번 이상 운동하기

운동은 성장기 아이들에게 더할 나위 없이 좋은 영양소와 같습니다. 신체활동을 많이 할수록 아이들은 건강하게 성장하게 됩니다. 꾸준히 운동을 하게 되면 아이들의 기억력도 좋아지고 정서적으로는 자존감과 긍정심도 높아집니다. 아이가 운동과 친해지기 위해서는 평소에 어떤 운동을 좋아하는지를 미리 파악해두는 것이 필요합니다. 그리고 '매일 20분 걷기' '다음 주엔 25분씩 걷기' '매일 계단 오르내리기' 등 운동 계획표를 짜고, 주 3회 30분 이상 운동량을 높여야 효과적입니다. 이처럼 아이들이 운동을 생활화하려면 나 홀로 운동보다는 운동 친구가 있으면 좋습니다. 가족이나 또래 친구들과 함께 운동을 하면, 자칫 소홀히 하기 쉬운 운동관리를 꾸준히 할 수 있고, 또 운동을 통한 신체접촉은 시상하부에서 옥시토신을 분비시켜 유대감을 높여줄 수 있습니다.

2. 건강한 수면 취하기

성장기 아이들은 과도한 학업 부담 및 늦은 시간 스마트폰 사용으로 인하여 수면의 양과 질이 부족한 경우가 많습니다. 불규칙한 수면 시간은 뇌의 피로회복을 늦출 뿐만 아니라, 우울, 불안, 낮 시간 피로, 학업 집중의 어려움을 유발하게 됩니다. 또한 늦은 시간 수면으로 인한 성장호르몬 분비 감소는 키 성장에도 영향을 줍니다.

밤 11시 이전 수면을 취하는 습관을 통하여 하루 7-8시간가량 수면시간을 유지할 수 있도록 하고, 저녁시간에 과도한 운동, 간식 섭취, 활동 등은 취하지 않는 것이 좋습니다. 저녁시간 스마트폰 사용 시 블루라이트 필터를 사용하면 뇌의 활성화를 예방할 수 있습니다.

3. 자신을 되돌아보는 시간 만들기

바쁜 일상 속에서 현대인들은 하루를 정리하고 감정을 소화할 시간을 가지기가 쉽지 않습니다. 성장기 아이들 역시 차분하게 자신의 경험과 감정을 정리하고 되돌아보는 시간이 많이 부족합니다. 그럴수록 한 걸음 뒤에서 쉬어가는 시간이 필요합니다. 이럴 때 마음챙김 명상이 도움이 됩니다. 마음챙김 명상을 통하여 자신을 더 깊이 이해하면서 자신과 주변 환경의 상호작용, 감정과 행동 사이 관계를 이해하고 조절능력의 증진을 촉진할 수 있습니다.

4. 술, 담배, 커피 등 유해 중독 물질 피하기

성장기 아이들은 호기심으로, 혹은 잠을 깨기 위한 목적으로 뇌 건강에 유해한 물질들을 사용하기도 합니다. 술, 담배의 중독성과 위해성은 너무나 잘 알려져 있습니다. 이는 대개 청소년기에 시작되어 평생 동안 유지되는 습관으로 발달하게 되고, 장기적으로는 뇌 구조와 기능에 영향을 줍니다. 커피는 중독성이 크지 않지만 불면증, 가슴 두근거림, 예민함 등을 유발할 수 있기 때문에 성장기 아이들에게 추천하지 않습니다. 강한 자극성과 중독성이 있는 물질들은 조절의 어려움을 초래하므로 피하는 것이 원칙이며, 졸릴 때는 맨손체조, 양치 등 잠을 깨울 수 있는 방법들을 사용하여 잠을 깨도록 하는 것이 좋습니다.

5. 생각을 자유롭게 표현하고 나누는 시간 갖기

많은 성장기 아이들이 자신의 경험과 감정을 가족과 나눌 시간이 부족함을 호소합니다. 성장기는 표현과 창의력이 발전하는 시기이며, 표현을 통해서 인지뿐만 아니라 감정의 분화와 발달이 본격적으로 이루어지는 시기입니다. 긍정적인 표현뿐만 아니라 부정적인 표현 역시 수용하고 인정해주는 가족 내 분위기가 성장기 아이들의 감정 조절에도 중요한 역할을 합니다. 본인의 생각이나 감정을 음악, 미술, 춤 등으로 자유롭게 표현하는 시간을 갖고, 이를 다시 언어로 바꾸어보는 연습도 다양한 표현 발달에 도움이 됩니다. 가족 간의 대화 시간을 통해 자신의 감정을 존중받고, 다른 사람의 관점을 이해하는 경험이 사회적 뇌 발달에 도움이 될 것입니다.

03

외로운 아이가 스마트폰에 더 잘 빠진다

디지털 과의존과 부정적 정서의 증가

"정말로 순수하게 웃음을 터뜨리면서 즐거워하는 거예요. 자기 아이가 신이 나서 터뜨리는 웃음소리는 부모에게는 마치 음악처럼 들려요. 아이들이 디지털 기기 앞에 있을 때는 그런 웃음을 전혀 들어본 적이 없어요."

- 수전 그린필드, 《마인드 체인지》

차원이 다른 감성을 경험하는 아이들

"손편지를 쓴다고? SNS도 사용하지 않고?
야, 너는 '아날로그형 인간'이구나."

책은 손으로 넘겨야 '제맛'이라며 전자책 단말기나 스마트폰보다
종이책을 선호하는 사람이 있습니다. 이처럼 디지털 기기를 잘 활
용하지 않고 아날로그 제품을 주로 쓰는 사람을 흔히 '아날로그형
인간'이라고 부릅니다.

21세기 들어 생겨난 말 중의 하나가 '아날로그형 인간'과 '디지털형
인간'입니다. 하루가 다르게 발전하는 기술에 힘입어 각종 디지털
기기가 속속 등장했습니다. 사람들은 편리함과 효율성, 속도감에
디지털 세계로 금세 빠져들었습니다. 그 발전 속도는 현기증이 날

정도로 빠릅니다. 아날로그와 디지털의 현격한 속도 차이가 그렇게 사람을 갈라놓았습니다. 아날로그형 인간이라고 디지털을 쓰지 않는 것은 아닙니다. 디지털을 잘 활용하면서도 자신만의 속도를 지켜내는 사람도 있습니다.

흔히 아날로그 정서와 디지털 정서는 따뜻함과 냉정함을 대변하는 것처럼 여깁니다. 아마 디지털이 물질을 0과 1로 구성된 이진법으로 해석하기 때문일 겁니다. 디지털 세계에서 모든 시청각 정보는 0과 1, 참과 거짓 혹은 'on/off'로 환원됩니다. 덕분에 디지털은 빠르고 정확합니다. 반면 아날로그는 이분법으로 환원할 수 없는 세상을 대변합니다. 디지털이 낮(빛)과 밤(어둠)만 있다면 아날로그는 어스름도 있고, 새벽과 황혼도 있습니다.

포노 사피엔스, 스마트폰 시대 새로운 인간형

태어나면서 디지털의 세례를 받은 세대가 있습니다. 특히 디지털 기기의 총아인 스마트폰을 끼고 태어난 세대를 '포노 사피엔스(Phono Sapiens)'라고 부릅니다.[60] 혹은 '호모 스마트포니쿠스(Homo Smartphonicus)'라고 칭합니다.[61] 약 150만 년 전, 원시적인 역기(礫器)를 만들면서 '손재주가 있는 인간'을 뜻하는 '호모 하빌리스(Homo Habilis)'로 불렸던 인류가 새로운 학명(學名)을 부여받은 셈입니다. '도구를 사용하는 인간'은 끊임없는 기술 발전을 통해 스마트폰이라는 도구를 손에 넣었습니다.

포노 사피엔스 혹은 호모 스마트포니쿠스는 인터넷 속도와 와이파이에 민감하게 반응을 합니다. 어디로 누구와 여행을 가느냐보다 와이파이가 있느냐 없느냐가 더 중요한 여행의 조건입니다. TV 대신 유튜브를 보고 백과사전을 찾기보다 유튜브로 검색을 합니다. 스마트폰에서 온라인 쇼핑을 하고 은행 업무를 봅니다. 에어비앤비[62], 유튜브, 우버[63] 등 플랫폼 비즈니스가 스마트폰 덕분에 만들어졌고 아마존, 알리바바 등이 세계 쇼핑몰 시장을 장악했습니다. 음악(앨범)을 사기 위해 레코드점에 들릴 이유도 없이 디지털 음원으로 음악을 만납니다. 외식이든 식재료든 먹기 위해서 움직여야 했던 사람은 이제 스마트폰 버튼만 누르면 끝입니다. 음식이든 식재료가 문 앞에 대령합니다.

상품을 만나는 통로가 과거 아날로그 시대와 차원이 다릅니다. 디지털 기술과 플랫폼이 주는 효율과 편리는 상상도 할 수 없을 만큼 발전했습니다. 그러니 아날로그와 디지털을 함께 경험한 세대와 스마트폰으로 모든 것을 사고 팔고 이용할 수 있는 세대는 다를 수밖에 없습니다. 이는 우리 뇌가 학습하는 뇌이기 때문입니다.

스마트폰이
인간의 정서를 알려줄 순 없다

독일의 뇌과학자 게랄트 휘터는 《존엄하게 산다는 것》을 통해

"처음부터 인간답게 만들어줄 장치를 가지고 태어나는 것이 아니기 때문에 삶을 살아가는 과정에서 끊임없이 인간다움을 찾아가야 한다"라고 말했습니다. 우리가 흔히 하는 착각이 있습니다. 사랑은 날 때부터 가진 감정이라는 것입니다. 하지만 그렇지 않습니다. 사랑은 살아가면서 키워야 할 '능력'입니다. 사랑하는 법을 배우거나 익히지 못하면, 우리는 타인을 제대로 사랑할 수 없습니다.

스마트폰은 세상 거의 모든 지식을 알려줄 수는 있습니다. 디지털에 저장된 어마어마한 양의 지식 덕분입니다. 인류가 디지털로 저장한 지식의 양이 아날로그로 저장한 양을 넘어선 것은 2002년이었습니다. 2006년과 2012년 사이, 전 세계의 정보 생산량은 매년 열 배씩 증가했습니다.[64] 스마트폰은 이런 정보의 보고를 연결시켜주는 손안의 컴퓨터입니다.

하지만 인간에게 꼭 필요한 정서를 스마트폰이 알려줄 수는 없습니다. 사랑, 존엄, 친밀함, 우정, 신뢰 등은 직접적인 관계를 통해서 생생하게 체험할 수 있습니다. 스마트폰 등 디지털 기기를 통해 경험하는 정서는 직접적이지 못합니다. 가령 식당에 가면 주방장이나 서빙하는 사람이 얼마나 힘들게 일하는지 보고 느낄 수 있지만, 스마트폰 배달앱으로 음식을 시켜 먹는다면 이런 정서에 노출되지 않습니다.

디지털에만 노출됐을 때 만날 수 있는 미래 중 하나가 디즈니 애니메이션 〈월-E〉에 있습니다. 주인공 월-E는 오염된 지구를 버리고

공부도 만남도 놀이도
스마트폰 터치 하나로 끝낸다?

인간이 모두 인공행성으로 떠난 뒤, 700년 동안 쓰레기 분리수거를 하면서 홀로 지구를 지키는 로봇입니다. 인공행성으로 떠난 인류는 모든 일을 로봇에게 맡깁니다. 심지어 식사마저도 자동으로 해결되니 몸을 움직일 필요가 전혀 없습니다. 몸이 불고 머리만 커지는 것은 당연합니다. 인간이 하는 일이라고는 레일을 따라 이동하는 1인용 호버를 타고 다니며 눈앞에 설치된 모니터만 들여다보는 것이 전부입니다. 걷지도 못하고 그저 로봇이 해주는 대로만 움직일 뿐입니다. 생존을 위한 모든 것을 해결할 수 있지만 정서를 경험할 수 없는 인공 행성에서 인류는 생기를 잃습니다. 그 와중에 유일하게 생기를 가진 '인간' 같은 존재가 아이러니하게 월-E입니다. 낡은 구식 로봇이지만 마음에 드는 음악을 녹음해 듣고, 노래를 들으며 밤하늘을 보고 감상에 젖기도 합니다. 일하면서 마음에 드는 물건을 수집하고 애완 바퀴벌레를 기르는 취미도 있습니다. 매일 반복된 일상을 보내지만 감성을 잃지 않는 따뜻한 로봇이 월-E입니다. 무엇보다 그는 다른 로봇과 사랑에 빠집니다. 대가를 바라지 않고 성심을 다해서 사랑을 하고 주체적으로 살아갑니다. 인간이 모든 것을 로봇에게 맡기고 수동적으로 살아가는 것과 대조적입니다.

디지털과 아날로그, 어느 한쪽의 우위를 말하는 것은 아닙니다. 정확한 수치를 제공하는 디지털이라도 이를 맥락에서 바라보고 꿰려면 연결적 사고가 필요합니다. 이 연결적 사고는 아날로그를 기반으로 합니다. 즉 0과 1 사이에 무한히 많은 수치와 점이 있다는 것, 그것을 아는 것이 아날로그적 사고입니다.

아날로그와 디지털,
아이의 정서적 균형이 중요하다

디지털은 편리하고 효율적입니다. 하지만 태어날 때부터 디지털에 익숙한 환경에서 자란 아이들에게 균형을 잡아주는 것이 필요합니다. 이것이 양육자의 역할입니다. 요즘 들어 일부러 아날로그적 방식을 찾는 사람들도 늘고 있습니다. 간편하게 구하고 가격도 저렴한 전자책이 있지만, 서점에 가서 직접 책을 만지고 읽는 순간을 즐기는 사람도 있습니다. 무료 인터넷 신문을 어디서든 볼 수 있지만 굳이 잉크냄새 나는 종이신문을 읽는 사람도 있습니다. 음원을 듣는 대신 LP판 턴테이블에 바늘을 얹어 지지직거리는 음악을 듣는 사람도 있습니다.

직접 경험한 정서가 나를 나답게 만들 수 있습니다. 내가 겪은 슬픔과 기쁨이 바로 나 자신입니다. SNS 등을 통해 가짜 정서를 보여주고, 타인의 정서에 휘둘리는 것은 자신에게 좋은 영향을 끼칠 수 없습니다.

사람은 사회적 평가, 지위, 경쟁에 민감합니다. '가상현실의 아버지'라고 불리는 재런 러니어는 이렇게 말합니다. "인간의 뇌가 사회적인 측면에 관심을 갖는 것은 선택적인 특성이 아니라 본질적인 특성입니다."[65] 사람은 대부분의 동물과 달리 혼자 살아갈 수 없는 존재로 태어났습니다. 우리는 그래서 스마트폰이 아니라 가족, 친구 등 다른 사람과 함께 살아가는 법을 배우고 익혀야 살 수 있습니다. 뇌도 그런 과정을 통해 더 단단해지고 살아갈 힘을 축적합니다.

아이는 '안'보다 '바깥'을 더 좋아합니다. 디지털에 많이 노출되었더라도 아이에게는 바깥이 주는 바람이 더 좋고, 길과 자연이 더 흥미롭기 마련입니다. 공원도 좋고 놀이동산도 좋습니다. 집 안에서 스마트폰에 빠져 있기보다 다양한 바깥 체험이 아이의 한정된 일상을 풀어주고 다른 정서적 경험을 줄 수 있습니다. 한창 성장해야 할 아이들에게 디지털 밖의 세상을 더 많이 경험해주면 좋겠습니다. ✿

디지털 과의존과
자기조절력의 결핍

"과학자로서 저는 우리 같은 전문가 수준의 독자조차 (몇 년간) 매일 몇 시간씩 스크린으로 독서를 하고 나면, 더 길고 어려운 텍스트를 읽을 때 주의집중에 미묘한 변화가 생기는 것은 아닌지 걱정스럽습니다. 인쇄 기반 문화에서 디지털 기반 문화로 옮겨가면서 우리가 읽을 때 사용하는 주의의 질(생각의 질의 기반입니다)이 돌이킬 수 없을 정도로 바뀌지는 않을까요?"
- 매리언 울프, 《다시, 책으로》

앞서 스마트폰 블랙홀을 얘기했습니다. 스마트폰의 사용 용도는 무궁무진해서 손안에 들어간 TV이자 극장이며 서점과 오락실(게임방)입니다. 스마트폰 안에 스며든 콘텐츠는 이전과 또 달라진 양상을 보입니다. 종이보다 웹이 가볍고 방대했다면 모바일은 웹보다 더 짧고 가볍고 작습니다. 그리고 무엇보다 빠릅니다.

많은 사람이 '속도'에 더 집착하고 있습니다. 전화와 문자가 가능했지만 인터넷을 하려면 요금 폭탄을 맞았던 2G[66]부터 데이터 개념이 생겨나면서 인터넷을 본격 사용할 수 있게 된 3G, 데이터 전송 속도가 빨라진 4G(LTE)를 거쳐 5G에 도달했습니다. 데이터 전송 속도가 가장 큰 차이점입니다. 5G는 4G보다 70배나 속도가 빠른 데다 사람이 많이 모인 장소에서도 끊김 없이 문자나 데이터가 잘 전송되는 것이 특징입니다. 스마트폰은 빨라진 속도만큼이나 영향력을 넓혔습니다. 제도권 장르는 스마트폰이 구현한 다양한 콘텐츠로 크게 흔들리면서 스마트폰 깊숙이 빨려 들어가고 있습니다. 문제는 흔들리는 것이 제도권 장르뿐만 아닙니다. 사람의 주의집중력도 하릴없이 흔들리고 있습니다. 스마트폰을 향한 눈은 쉴 새 없이 바쁩니다. 영상이나 게임이 주는 자극에 정신줄을 놓기도 쉽습니다. 제대로 읽거나 생각하지 못합니다. 자극이 주어지지 않으면 지체 없이 다른 곳으로 넘어가는 이용습관 때문에 콘텐츠 생산자들은 곳곳에 지뢰처럼 자극을 심어놓고자 애를 씁니다.

아이들의 집중력이 사라지고 있다

스마트폰은 그리하여 또 다른 결핍을 낳았습니다. 의도하지 않게 링크를 따라가다 보면 꼬리에 꼬리를 물고 사이트가 이어지고, 자극은 쉽게 끝나지 않습니다. 한곳에 주의를 계속 두는 일은 거의 불가능해졌습니다. 검색을 하다가도, 뉴스를 보다가도, 영상을 보다가도 우리는 엉뚱한 곳으로 갑니다. 미국 소설가 데이비드 포스터 월리스는 이를 '총체적인 소음(Total Noise)'이라고 불렀습니다. 정작 필요한 주의집중력은 사라지고, 스마트폰 자체에 집중하는 우리만 남았습니다. 총체적인 소음이 우리의 주의집중력을 삼켰습니다. 인터넷과 스마트폰이 건네는 콘텐츠가 소비하는 것은 바로 이용자의 주의집중력입니다.

스마트폰은 우리가 한 곳에 지속적으로 관심을 두도록 만들지 않습니다. 이처럼 스마트폰을 쥐고 있는 이상, 주의력 결핍은 불가피한 것일까요? 자신을 조절할 수 없는 것일까요?

감정이나 정서를 조절하는 능력이 '자기조절력'입니다. 이를 관장하는 뇌 부위가 전전두엽, 특히 '안와전두엽(OFC, Orbital Frontal Cortex)'입니다. 즉 안와전두엽은 정서를 통제하고 조절하는 역할을 합니다. 감정이 생기면 이는 곧 시상하부로 전달되고, 어떤 감정인가에 따라 그에 맞는 호르몬이나 신경전달물질이 분비됩니다. 그리고 몸은 그에 따라 반응합니다.

자기조절력의 결핍은
부정적 정서를 키운다

아이 때부터 자기조절력을 기르지 않으면 우울감, 불안감, 충동성, 분노감, 스트레스 등에 취약한 채로 자랍니다. 분노조절장애 등이 자기조절력 결핍에서 오는 증상입니다. 핵가족화 등으로 아이 중심의 양육이 대세가 됐고, 아이가 감정을 쏟아내면 양육자는 그 감정을 받아주기 위해 과잉 대응했습니다. 자기조절력을 길러주기보다 아이가 쏟아내는 감정에 끌려 다녔습니다. 자기 마음에 들지 않으면 분노하고 짜증내고, 심지어 폭력성까지 드러내는 아이의 모습은 자기조절력의 결핍에 기인한 경우가 많습니다.

그 과정에서 스마트폰 등 디지털 기기가 양육의 도구로 활용되었습니다. 하지만 디지털을 과용하게 되면, 뇌의 자기조절 중추가 충분히 발달하지 못합니다. 그 결과는 치명적입니다. 자기감정을 적절하게 통제하지 못하면서 정서 발달이 지연됩니다.

인간은 다양한 정서에 자신을 노출하는 직접 경험을 통해 자신만의 정서를 구축합니다. 그러나 현실을 보면 암담합니다. 아이들은 디지털이 주는 가상현실에 갇혀서 풍부한 정서적 경험을 하지 못하고 있습니다. 그렇게 정서적 결핍이 있는 아이들은 우울, 불안, 분노 등 부정적 정서에 쉽게 영향을 받습니다. ✎

스마트폰 중독은
우울, 불안, 분노 등 부정적 정서를 키운다.

"우울할 때는 주로
인터넷게임으로 풀어요."

: 우울감과 과의존

"아무것도 하고 싶지 않아요. 집에서나 학교에서나 아무 의욕이 없어요. 하고 싶은 것도 없어요. 하지만 온라인에서는 마음이 움직이는 것 같아요. 우울할 때 게임을 하고 있으면 그나마 나아요."

우리나라 청소년의 행복지수는 여전히 낮습니다. 한국보건사회연구원이 펴낸 '2018년 아동 종합실태조사' 보고서에 의하면, 아동·청소년의 평균 행복 수준은 OECD 회원국 중에서 가장 낮았습니다.[67] 자살률도 높습니다.[68] 끔찍한 일입니다. 어른의 무지와 무관심이 이런 사태를 불러왔습니다. 학업 스트레스, 관계 스트레스, 가족 간 불화 등 청소년들이 행복하지 않은 이유는 차고 넘칩니다.

그들이 행복하지 않을 때 옆에 있는 대상은 가족이나 친구가 아니라 스마트폰입니다. 스마트폰은 청소년들에게 양날의 칼로 작동합니다. 친구를 사귀고 친해지는 도구이거나 사이버 괴롭힘의 수단입니다. 교육부가 2019년 7월 발표한 학교 폭력 실태조사에서 피해를 입었다는 응답이 2년 연속 늘어난 데는 사이버 괴롭힘의 증가가 영향이 컸다고 분석합니다.

어떤 아이들은 스스로를 괴롭히거나 다른 누군가를 괴롭힙니다. 심리적으로 공허한 상태이기 때문입니다. 왜 사는지, 나는 왜 이렇게 쓸모없는 인간인지 무기력한 자신이 밉습니다. 선택지는 많지 않습니다. 자신을 학대하든지, 남을 학대하든지, 아니면 스마트폰이라는 세계에 빠져듭니다. 정서적으로 예민한 시기에 다양하고 직접 느낄 수 있는 정서를 배우고 익혀야 하지만, 이를 양육자나 다른 어른에게 배울 길이 없습니다. 그저 공부하라고 다그칠 뿐입니다. 자신을 달래주는 것은 스마트폰뿐입니다. 정서 함양과 습득까지 스마트폰을 통해 해결해야 하는 상황입니다.

단호하게 말할 수 있습니다. 그것은 입시 위주의 교육 때문입니다. 잘못된 교육 시스템이 주는 성장기 스트레스가 스마트폰, 게임 등 디지털 세계에 빠져들게 만듭니다. 아이들은 디지털 안에서 스트레스를 풀 수밖에 없습니다.

마음이 허전할수록 더 빠진다

아이들은 현실적 공허를 느낍니다. 그 빈틈을 채울 길이 없으니 스마트폰에 의존합니다. 살아가는 의미가 없으니 우울감이 자연스레 따라옵니다. 우울증은 '의미를 찾지 못한 고통'의 다른 이름이라고 했습니다.

일본의 정신과 의사 사이토 다마키는《사회적 우울증》이라는 책에서 고전적(내인성) 우울증이 아닌 사회적 관계에서 더 많은 영향을 받아 발생하는 우울증을 말했습니다. 책에서 그는 고전적 우울증으로 보기는 어렵고, 그렇다고 약물치료를 할 정도는 아닌데 심리 도구로 측정하면 우울하지 않은 것도 아닌 상태를 '사회적 우울증'이라고 이름 붙였습니다.

어쩌면 많은 청소년들이 이런 상태에 빠져 있는지도 모릅니다. 현대 사회의 각종 불안과 양육자의 불안이 투영되어 개인의 생물학적 소인보다 주변과 맺은 관계가 '사회적 우울증'을 유발했을 수 있습니다. 그렇다면 이를 치료할 수 있는 방법은 약보다 관계일 겁니다. 타인과의 관계가 회복되면 호전될 수 있습니다. 그러나 양육자와 학교가 이것을 쉬이 허용하지 않습니다. 이럴 때 스마트폰은 유일한 해방구입니다.

김대진 교수 연구팀에서 20~30대 남성을 대상으로 조사한 결과, 하루 150분 이상 온라인 게임을 하는 남성들이 우울감을 더 많이 보였습니다. 이들은 보통 온라인 게임을 하는 남성들에 비해 뇌 전전두피질에서 구조적으로 차이가 있었는데, 전전두피질은 계획, 의사결정 등 고차원적 인지기능뿐 아니라 정서 조절에 관여하는 부위입니다. 연구 결과를 보면 게임에 빠진 과의존군은 전전두피질의

SNS, 게임, 유튜브 등
디지털 미디어에 노출이 많을수록
우울감이 높아진다.

부피가 감소하는 경향을 보였고, 특히 게임을 평생 이용한 시간과 우울감 사이의 상관성에서 전전두피질의 부피 변화가 상당 부분 관여함을 알 수 있었습니다. 결과적으로 게임을 많이 하면 할수록 전전두피질의 부피가 줄고, 그 영향으로 우울해질 가능성이 높다고 할 수 있습니다.

또 김대진 교수 연구팀은 게임 과의존군이 우울감을 동반할 경우, 복합적인 문제를 경험할 가능성이 높다는 사실도 보고했습니다. 우울감을 동반한 게임 과의존군은 알코올 문제, 불안 수준, 충동성 등이 그렇지 않은 군보다 높게 나타났습니다. 이에 대해 연구팀은 현실적인 어려움이나 정서적인 문제를 회피하기 위해 게임이나 스마트폰을 이용하는 것은 일시적으로 기분 전환에 도움이 될 수는 있으나, 장기적으로는 더 많은 어려움을 초래할 수 있다고 밝혔습니다.

성인도 게임을 과도하게 이용할 경우 우울감이 높아졌는데, 빠르게 학습하는 뇌를 가진 아동기나 청소년기에 게임 과의존에 빠진다면 심각한 결과를 초래할 수 있습니다. 반대로 높은 우울감이 스마트폰 등 디지털 과의존에 빠지게 만들 가능성도 있습니다.

우울감은 디지털로 해소되지 않는다

의미를 찾지 못하는 고통에 의미를 찾아준다면 그 고통은 해결의 실마리를 찾을 수 있습니다. 모든 우울에는 이유가 있습니다. 앞에서 아무것도 하기 싫고 의욕이 없다고 말한 아이 말에는 분명 이유가 있습니다. 우울이라는 파고가 덮칠 때 함께 이를 넘어가줄 '믿을 만한 어른'이 있다면 그 아이는 굳이 스마트폰에 매달릴 필요가 없었을 겁니다.

신경과학자 프랜시스 젠슨이 쓴 《10대의 뇌》에 의하면, 10대의 뇌는 입력되는 것을 빠른 속도로 학습하고 받아들이지만, 뉴런(신경세포)이 모여 기억력 등에 관여하는 회백질(기억력에 관여하는 물질)을 제거하는 등 상반되는 작용을 합니다. 그래서 10대의 뇌는 뭔가를 주입해도 자꾸 잊어버립니다.

이렇듯 자꾸 잊어버리는 10대(의 뇌)에게 필요한 자극은 무엇일까요? 디지털을 활용할 때 우울감은 일시적으로 해소되는 것 같습니다. 하지만 장기적으로는 더 큰 어려움에 빠질 수 있습니다. 그렇다면 우리 십대에게 진정으로 필요한 자극은 어른들의 관심과 사랑이 아닐까요? ✿

"게임을 하는 동안에는 불안하지 않아요."
: 불안감과 과의존

'언제부터인가 학교에 가기 싫어졌다. 학교에 가서도 친구들이
공부하는 모습에 주눅부터 든다. 나만 뒤떨어져 있다는 불안이
나를 휘감는다. 장래희망인 육상선수를 포기하면서 불안이 시
작됐다. 미래에 대한 불안이었다. 불안이 엄습할 때마다 내 곁
에 있는 스마트폰에 빠져 있었다. 스마트폰을 하는 동안은 불
안을 잊을 수 있었다.'

한국은 총체적으로 불안사회입니다. 2015년 OECD 사회통합 통계
를 살펴보면, '사회적 관계(사회적 지원망)' 부문에서 한국은 10점 만점
중 2점도 아닌, 0.2점을 받았습니다. 또 '어려울 때 기댈 사람이 있느
냐'는 질문에 그렇다고 대답한 응답자는 72.4%로 OECD 34개 회원
국 중에 가장 적었습니다. 어려움에 처했을 때, 네 사람 중 한 사람
이상이 도와줄 가족이나 친구가 없다는 뜻입니다.

이런 사회에서 많은 사람이 스마트폰 등을 통해 불안감을 일시적
으로 해소하는 것을 이해 못 할 바도 아닙니다. 마음이 복잡하고 불

안할 때, 게임을 하거나 SNS를 보면서 잠시 힘든 마음에서 벗어날 수 있습니다. 이는 뇌과학 측면에서 보면 단기적 보상 효과를 누리는 셈입니다.

한 아이가 불안해서 게임을 했더니 불안이 줄어듭니다. 물론 단기적인 결과일 뿐이지만 아이에게 이것은 학습이 됩니다. 즉, '게임을 하면 불안이 줄어드는구나'라고 생각합니다. 부정적 강화입니다. 이런 행동을 통해 뇌가 얻는 보상이 있을 때 이 행동을 이후 되풀이합니다.

알코올 중독도 같은 원리입니다. 술을 마시면 불안이 줄기 때문에 술을 마십니다. 불안에 대한 회피 심리로 술에 다시 손을 댑니다. 이때 술은 언제든 자신이 손만 뻗으면 혹은 마음만 먹으면 마실 수 있는 환경에 있습니다. 이렇게 마신 술은 보상이 즉각적입니다. 디지털 기기에 대한 의존도 마찬가지입니다. 불안할 때마다 손에 쉽게 쥐는 스마트폰은 과의존의 원인이 될 수 있습니다. 불안을 견딜 수 없어서 스마트폰을 놓지 못합니다. 악순환입니다. 안 하면 더 불안해지기 때문입니다. 알코올 중독처럼 말입니다.

불안을 숨기는 안식처, 스마트폰

뭔가 불안한 학생들이 학업에 흥미를 잃어갈 때, 새로이 둥지를 트는 곳이 스마트폰입니다. 지금 당장 마음을 휘감는 불안을 잊을 수 있고, 언제든 자신이 필요할 때 손에 쥘 수 있으니 스마트폰만한 것이 없습니다. 불안한 마음을 숨기기에도 안성맞춤인 장소가 스마트폰입니다. 불안 때문에 무엇을 해야 할지도 모르겠고 시간을 견뎌야 하는데, 이럴 때 스마트폰은 만능해결사입니다. 감각과 현실의 무게를 회피하고 마비시킬 수 있는 강력한 무기입니다. 사각의 프레임 앞에 넋을 빼고 있으면 어떤 힘든 감정도 속일 수 있습니다. 이런 감각의 왜곡 효과는 당장의 고통을 피할 수 있는 단기 특효약입니다.

하지만 장기적으로 놓고 보면 확연히 다릅니다. 게임이든 동영상이든 스마트폰을 통한 '멍 때리기'가 마음 깊은 곳에 뿌리를 내리고 있는 근본 불안을 없앨 수 없습니다. 그래서 또 불안하고 불안하니까 스마트폰에 자꾸 손을 대고 눈을 돌립니다. 모든 신경이 그쪽으로 가면서 이를 반복하는 악순환에 빠집니다.

이 악순환의 문제가 정작 해야 할 일을 하지 못하는 것입니다. 일상의 기능이 멈추고 학업뿐 아니라 대인관계에도 지장을 주면서 결과적으로 더 큰 불안을 부릅니다. 결국 이런 과정을 되풀이하면서 스마트폰 과의존에 빠집니다. 그렇다면 스마트폰 앱 개발자가 되거나 프로게이머가 될 수 있지 않겠느냐는 희망을 내세울 수도 있습니다. 아주 극소수를 제외하고 거의 대부분의 당사자는 스마트폰을 희망으로 여기지 않습니다. 알코올 중독자가 술을 희망으로 삼지 않는 것과 다르지 않습니다. 그저 벗어나고 싶지만 벗어날 수 없는 굴레일 뿐입니다. 불안이라는 고통에서 벗어나기 위해 어쩔 수 없이 선택하는 도구이자 나를 가두는 감옥일 뿐입니다.

이런 아이에게 양육자가 가장 쉽게 대처하는 행동은 야단입니다. 아이의 미래를 생각하기 때문에 하는 행동이지만, 중요한 것은 아이에게 전혀 통하지 않는다는 사실입니다. 이미 단기 보상에 취해 있어서 큰소리를 치든 조곤조곤 타이르든 아이의 뇌는 부모의 목소리에 귀 기울이지 않습니다.

뇌가 말랑말랑한 아이에게 단기 보상은 너무도 달콤한 특효약입니다. 나를 집어삼킬 것 같은 불안을 잊게 해주기 때문입니다. 알코올 중독자에게 건강을 생각해서 금주하라고 말해봤자 효과를 못 보는 것과 같습니다. 당장의 불안을 잊게 해주는 술에 의존하는 것이 가장 손쉬운 방법이기 때문입니다.

스마트폰을 안 하면 더 불안하다?!

양육자의 불안이든 사회의 불안이든 불안은 고스란히 아이들에게 투영될 수밖에 없습니다. 일부러 의도한 것은 아니겠으나 양육자가 내지른 압박이나 주변의 시선도 아이의 불안을 키웁니다. 다양한 종류의 불안에서 쉽게 도망을 가려는 것은 인지상정입니다. 이런 상태에서 아이에게도 자신만의 규칙이 생길 수밖에 없습니다. '스마트폰을 하면 불안에서 벗어나고 기분이 좋아진다' '나를 이해해주는 것은 스마트폰(에 있는 가상의 친구들)밖에 없구나' 등과 같이 불안에서 벗어나기 위해 스마트폰을 선택한 고정관념이 뇌에 박힙니다. 과의존에 빠져들 수밖에 없는 환경이 조성되는 셈입니다. 중독자가 중독 물질을 하지 않을 때의 일상은 불안하고 고통스럽습니다. 다시 중독 물질을 주입해야 버틸 수 있고 그에 대한 집착이 위안을 준다고 느낍니다. 실화를 바탕으로 한 영화 〈뷰티풀 보이〉에서 10대 청소년 닉(티모시 샬라메 분)이 그것을 잘 보여줍니다. 모범생이었던 닉이 마약에 손을 댑니다. 아버지 데이비드(스티브 카렐 분)의 눈물겨운 헌신이 따르고 치료센터와 요양원 등 온갖 치료를 하지만 닉은 그것을 배신합니다. 아니, 닉이 배신한다기보다 뇌가 따르지 않습니다. 다시 마약을 하는 것이 어떤 결과를 낳을지 알지만 의지는 전혀 힘을 발휘하지 못합니다.

불안이 영혼을 잠식하지만 단기적으로 불안을 해소하기 위해 계속 마약을 하는 닉을 보면, 우리 뇌가 얼마나 불안에 취약한지도 알 수 있습니다. 안 하면 힘들어서 어쩔 수 없이 (다시) 하게 되는 것이 중독이자 과의존입니다. 울면서 술을 마시는 알코올 중독자도 있습니다. 당장 술을 마시지 않으면 몸이 힘들고 마음이 불안하니까 그렇습니다. 스마트폰 과의존에 빠진 아이들도 뇌과학적으로 빠져나오기 힘든 상태입니다. 이것은 철저히 뇌의 문제입니다. 뇌에서 이미 학습이 되어 있기 때문에 불안하면 스마트폰에 집착할 수밖에 없습니다. 이럴 때 양육자가 운동이나 다른 취미를 권해봐야 전혀 들어오지 않습니다.

스마트폰은
아이들 자신의 불안을 숨기는
안식처가 되고 있다.

불안한 아이에게 공감으로 다가가길

많은 양육자가 아이의 불안 너머 마음 깊은 곳을 들여다보지 못합니다. 그보다는 아이가 불안 때문에 선택한 게임이나 스마트폰이 원흉이라고 여깁니다. 하지만 아이들은 동의하지도 않고 양육자의 판단에 콧방귀를 뀌기 일쑤입니다. 양육자가 못하는 일을 게임이나 스마트폰이 하고 있기 때문입니다.

변화는 아이의 불안한 감정을 공감해주는 데서 시작됩니다. 아이의 마음 깊은 곳에 있는 불안이라는 감정을 인정해주고 살펴보고자 다가가는 것이 우선입니다.

"그래, 네가 불안해서 그랬을 수 있어. 그걸 몰라줘서 미안해."

이렇게 감정을 인정해주되 아이의 행동에는 울타리를 만들어주는 것이 필요합니다. 양육자의 공감과 보호가 함께 가야 합니다.

"힘들 때면 언제든지 엄마 아빠에게 말해줄래? 너 혼자 힘들어하지 않았으면 좋겠어. 엄마 아빠가 항상 네 곁에 있다는 걸 기억하고 있으렴." ✐

"산만하던 아이도
게임을 할 때는 엄청나게 몰입해요."

: 충동성과 과의존

"수업시간에 좀처럼 집중하지 못하고 따분해하는 아이들이 있어요. 잠을 자거나 옆 친구와 잡담을 건네기도 하고, 멍하니 정신을 놓고 있는 경우가 많죠. 눈빛을 보면 딴생각을 하고 있는 것 같아요. 그런데 이런 아이들도 자신이 좋아하는 게임을 하거나 스마트폰을 손에 쥐어주면 180도 달라져요."

요즘 중·고등학교 선생님들에게 흔히 듣는 말이 있습니다.

"갈수록 수업시간에 집중하지 않고 산만한 학생들이 많아져요. 수업에는 좀처럼 관심이 없는 것처럼 보여요. 어떤 아이는 피곤한지 무기력해 보이기도 하구요. 그런데 이런 아이들도 게임이나 스마트폰을 할 때는 초롱초롱 눈빛부터 달라집니다."

수업시간에는 멍 때리다가도 게임이나 스마트폰을 할 때는 초집중을 하는 아이들. 어떻게 된 걸까요? 그 이유를 아이들에게 묻는다면 아마 이런 대답도 나올 듯합니다.

"게임에는 마법이 숨어 있어요. 게임을 하고 있으면 제가 살아 있다는 느낌이 들거든요. 게임만 하면서 살면 좋겠어요."

하지만 문제는 게임을 하다가도 상황이 바뀌거나 문제가 생기면 갑자기 화를 내거나 짜증을 내면서 전혀 예상하지 못한 충동적인 행동을 하는 아이들이 있습니다.

게임 중독, 충동조절이 어려워진다

김대진 교수 연구팀이 성인 남성을 대상으로 게임 과의존군의 충동성에 대해 연구했습니다. 그 결과, 게임 과의존군은 충동성을 조절하는 데 어려움을 겪었습니다. 게임에 과도하게 몰입하면서 전두엽과 선조체의 뇌기능의 연결성은 대조군보다 낮은 반면, 충동성은 높았습니다. 전두엽과 선조체는 충동성 조절에 중요한 역할을 하는 부위입니다. 하지만 과도하게 게임을 할 경우, 전두엽과 선조체의 기능을 떨어뜨리고 심하면 치료가 필요할 수 있습니다.

"충동성은 장기적이고 이성적인 사고에서 멀어져 성급하고 즉각적으로 행동하는 경향을 말합니다. 충동적인 행동은 특정한 어떤 상황에서 충동성으로 인해 위험하거나 부적절한 결과를 초래할 수 있는 행동 양식을 의미합니다. (…) 주의집중력이 부족하거나 반응을 참지 못할 때 충동성이 나타난다고 합니다."

한국아동청소년 심리상담센터 류재석 씨는 충동성에 대해 이렇게 정의했습니다. 충동성은 인지조절능력에 문제가 생겨서 발생합니다. 전두엽에 이상이 생겼기 때문에 발생해서 일명 '전두엽 장애'라고 부릅니다. 주의력결핍 과잉행동장애(ADHD)도 전두엽에 문제가 생겨 발생하는 증상입니다.

전두엽에 문제가 생기면 이른바 '튀는' 행동을 할 여지가 많아집니다. 흔히 변덕스럽다고 표현하는 그런 행동입니다. 자신이 원하지 않는 상황이면 버티는 힘이 떨어지고, 힘들면 쉽게 놓아버립니다. 예를 들어 학교 수업 중에도 마음에 들지 않는다며 교실 밖으로 나가버립니다. 또, 교과서 등 무언가를 던지거나 욱하고 화를 내는 경우도 있습니다. 이런 행동은 집에서도 마찬가지입니다.

앞서 얘기한 팝콘 브레인이 충동성과 밀접한 관련이 있습니다. 팝콘 브레인은 강한 자극에 반응하도록 시냅스가 구성됩니다. 강한 자극에 내성이 생긴 상태라 좀 더 강한 자극이 없으면 반응하지 않거나 산만합니다. 스마트폰 등 디지털 기기는 곳곳에 이런 자극적인 콘텐츠를 이용할 수 있게끔 설계돼 있습니다.

김대진 교수 연구팀은 대규모 설문 조사를 통해 스마트폰 중독과 충동성의 연관성에 대한 연구도 실시했습니다. 7,003명의 참가자가 응답한 결과를 분석하니, 청소년 집단(14~18세)이 초기 성인군(19~25세)과 성인군(26~39세) 등 다른 연령대에 비해 충동성이 높았고, 스마트폰 의존에 취약했습니다. 연구팀은 청소년이 성인보다 스마트폰 의존에 쉽게 빠질 수 있으며, 따라서 스마트폰 의존 예방에 좀 더 많은 관심을 기울일 필요가 있다고 했습니다.

순했던 아이가 갑자기 욱한다고?!

순간적으로 화를 참지 못하고 충동에 휘둘리는 아이들을 무작정 탓할 수는 없습니다. 그것이 또한 청소년기의 특징이기도 합니다. 다만 스마트폰은 뇌가 여전히 영글고 있는 시기에 충동조절능력을 떨어뜨릴 수 있습니다. 팝콘 브레인을 가진 아이들 가운데 스마트폰이나 게임 과의존에 빠진 아이들이 많은 것도 바로 그 이유입니다.

아동기와 청소년기는 뇌가 고속도로를 만드는 시기입니다. 특히 청소년기는 새로운 것을 추구하는 욕구가 높고 주목받고 싶은 욕망도 있습니다. 그래서 격렬하거나 충동적인 행동을 서슴지 않고 위험을 무릅씁니다. 부정적인 정서에 사로잡힐 가능성도 큰 시기입니다. 10대가 쾌감을 주는 자극을 강화하는 요소에 훨씬 더 민감하다고 시사하는 연구들도 있습니다. 도파민이 사춘기에 정점에 이른다는 연구도 그것과 관련이 있습니다. 한국의 청소년들은 여기에 입시라는 강력한 스트레스가 부정적으로 작동합니다. 입시가 주는 불안, 우울, 분노, 무기력 등과 입시(를 위한 공부) 때문에 양육자와 부딪히는 갈등이 스마트폰에 더욱 매달리게 하는지도 모르겠습니다.

청소년기는 또 쉽게 분노를 터뜨리는 시기이기도 합니다. SNS를 하다가도 느닷없이 분노를 표현하는 경우도 왕왕 있습니다. 사회에 대한 불만이나 억압이 있을 때 이것저것 잴 수밖에 없는 어른들과 달리 청소년들은 분노라는 직격탄을 쏘아 올립니다. 스웨덴 10대 소녀 그레타 툰베리가 쏘아 올린 '기후 파업'[69]은 전 세계 각지로 전파되었습니다. 툰베리의 분노는 좋은 분노였지만, 사실 뜬금없이 분노를 표출하는 청소년들이 훨씬 더 많습니다.

반면 디지털 기기나 게임 등에 대한 의존이 강해지면 다른 사람의 분노에 대한 반응이 더디게 나타나는 특징도 관찰되었습니다. 김대진 교수 연구팀에서 게임을 과도하게 하는 청소년군과 그렇지 않은 정상군을 대상으로 욕설처리에 따른 뇌 인지기능에 어떤 차이가 있는지 연구를 진행했습니다. 연구 결과를 보면 과도한 게임 이용군은 정상이용군보다 욕설을 처리할 때 안와전두엽, 전대상회, 편도체 등에서 뇌 기능 변화가 적게 나타났습니다. 이는 욕설에 대한 민감도가 떨어졌다는 뜻입니다. 욕설을 들었을 때 이를 처리하고 반응하는 인지조절 체계가 영향을 받은 것입니다. 특히 과도한 게임 의존군은 편도체와 분노조절 간에 반비례 관계를 보였고, 분노조절능력이 낮을수록 편도체 활성화가 강하게 나타났습니다. 게임을 하면서 심한 욕설을 아무렇지 않게 내뱉거나, 평상시에도 입에 담기 힘든 욕설을 입버릇처럼 하는 경우가 이에 해당합니다. 돌발적이고 충동적인 행동은 인지의 문제입니다. 분노를 쉬이 조절하지 못하고 이를 폭발하는 행동 역시 인지기능에 문제가 생겼다는 신호가 될 수 있습니다.

어떤 양육자도 아이가 자기조절력이 떨어지는 것을 바라진 않습니다. 충동성과 분노조절 장애는 자기조절력이 떨어지고 있다는 신호입니다. 이런 아이에게 스마트폰을 쥐어주는 것은 불길에 뛰어드는 불나방과 다를 바 없다는 사실을 명심하면 좋겠습니다. 🐾

"친구는 멀리 있는데, 스마트폰은 늘 곁에 있잖아요."

: 고립감과 과의존

집에서 혼자 시간을 보내던 소연이는 AI 스피커에게 물었다.
"너는 외로울 때 어떻게 하니?" 무엇이든 척척 대답을 해주던
AI가 이번에는 우물쭈물했다. "그것은 답이 없습니다."
순간, 소연이의 얼굴에 쓸쓸함이 번졌다.

흥미로운 통계가 있습니다. 서울 관악구는 관내 가구 중 53%가 1인 가구입니다. 한국의 전체 가구 중에서도 1인 가구는 가장 높은 비율을 차지하면서 30%에 육박하고 있습니다.[70] 그런 와중에 관악구는 전체 가구의 절반을 넘어설 만큼 1인 가구가 많습니다. 이런 통계는 놀라운 일입니다. 사실 혼밥, 혼술 등은 익숙하지 않은 풍경이었습니다. 그럼에도 '혼~'은 지금 한국 사회를 상징하는 키워드가 되었습니다. 혼자 살고, 혼자 먹고, 혼자 노는 이른바 혼자들의 천국(?)이 지금 한국 사회입니다.

다른 동물에 비해 인간은 서로 협력해야만 살아남을 수 있었습니다. 생존을 위해서도 그렇지만, 인간의 생명력을 일으키는 근원에는 '관계에 대한 욕망'이 있습니다. 많은 심리학자들이 인간이 애착 대상을 찾는 것을 본능이라고 말합니다. 그런데도 지금 우리는 혼자서 뭐든 하고 싶어 하는 것 같습니다. 그런데 우리는 정말로 혼자이고 싶은 걸까요?

페친, 인친, 트친…
정말 스마트폰 안에선 외롭지 않을까?

생존 본능은 고립이 아닌 '함께'를 원합니다. 우리는 홀로 된다는 것을 견디기 힘들어합니다. 서로가 서로에게 몸과 마음을 의지할 수 있다면 가장 좋습니다. 엄마에게도 엄마가 필요하듯 사람은 누구나 돌봄을 필요로 합니다. 자신을 지지하는 사람들의 관심과 사랑으로 삶을 지속해가는 것이 바로 우리 인간입니다. 오죽하면 영국 정부가 2018년 사회적 고립과 단절 문제를 다루는 '외로움부 차관(Minister for Loneliness)'[71]을 뒀을까요.

스마트폰은 '혼자'라는 생각을 잠시 잊게 해줍니다. 초연결 시대의 총아답게 어디든 연결되어 있고, 연결될 수 있다는 생각을 심어줍니다. 무기력하다가도 스마트폰만 손에 쥐면 눈이 반짝반짝하는 아이들이 있습니다. 평소 오프라인에서는 친구 관계가 활발하지 않다가도 온라인에 접속하면 친구 관리에 정신이 없는 아이들도 있습니다. 그 아이들은 이른바 페친(페이스북 친구), 인친(인스타그램 친구), 트친(트위터 친구) 등 SNS에서 소통하는 친구들에게 더 많은 시간과 관심을 씁니다. 온라인상에서 숫자로 표시되는 친구는 이미 오프라인에서 만나는 사람들을 넘어서고 있습니다. 온라인에서 친구나 팔로어 숫자를 놓고 경쟁이 벌어지기도 합니다. 그런데 궁금합니다. 왜 아이들은 눈앞에 있지도 않은 SNS 친구에게 그렇게 끌리는 걸까요?

스탠포드대학교 마이클 J. 로젠펠드 교수팀의 연구를 살펴보면 흥미롭습니다. 미국인들이 1940년부터 지금까지 어떻게 친구를 만나는지를 연구한 결과, 가족이나 학교를 통해 친구를 만나는 비율은 꾸준히 하락하고 있습니다. 친구에게 소개를 받거나 직장에서 만나는 비율은 1980년대까지 상승했으나 그 이후로 계속 줄고 있습니다. 2010년 이후는 양상이 달라집니다. 온라인을 통한 만남이 독보적인 1위가 되었습니다.[72] 로젠펠드 교수팀은 '어떻게 연인을 만나고 함께 살게 되는가'라는 연구도 진행했는데, 제2차 세계대전 이후 배우자를 만나는 주요 경로는 친구의 소개였습니다. 그러던 것이 온라인으로 대체되어 미국인 4명 중 1명꼴로 온라인에서 배우자를 처음 만났습니다.[73] 과거 주요 소개 경로였던 친구, 직장은 온라인에게 자리를 내줬습니다.

지금 SNS는 사람들이 주로 만나고 연결되는 장소입니다. 전 세계 20억 명 이상이 가입한 페이스북에서 한 사람당 페친 수는 2019년

'페친' '인친' '트친'…
스마트폰이 외로움을 잊게 해줄까?

6월 기준 평균 338명입니다. 그런데 그 숫자는 숫자일 뿐입니다. 그 중에는 직접 만나보지 못한 사람도 부지기수입니다. 그저 신청하고 수락만 하면 쉽게 친구가 되는 시스템은 반대로 '친구 끊기' 버튼만 누르면 쉽게 절교도 할 수 있습니다.

디지털 자아, 외로운 아이들의 그림자

'고슴도치 딜레마'[74]라는 말이 있습니다. 날씨가 추워지면 고슴도치는 모여서 서로 체온을 나누는데, 너무 가까워지면 가시에 찔려서 일정한 거리를 유지할 수밖에 없는 현상을 빗댄 말입니다. 쇼펜하우어는 인간관계에서 상처는 불가피하다는 뜻에서 이런 말을 썼지만, 지금은 남에게 다가가려 해도 상처받을까 두려워서 주춤거리는 이들의 고민을 표현합니다.

이런 고민이 향한 곳이 온라인이고 SNS입니다. 많은 사람이 SNS에 둥지를 틀고 가시에 찔리지 않는 간접적인 대인관계에 몰두합니다. 현실 세계에서 인간관계에 상처를 주고받는 것이 불편하기 때문입니다. 그 덕분에 눈을 마주치고 표정과 몸짓을 보면서 만나는 대신에 얼굴도 모른 채 스마트폰 안에서 친구 숫자만 높이려고 합니다. 부담스럽다면 주저 없이 친구 목록에서 삭제할 수 있고, 숫자로 드러난 많은 친구들이 있다는 환상이 스마트폰 안에서는 얼마든지 가능합니다.

흥미로운 통계가 있습니다. 1987년 우리는 얼굴을 마주보는 사회적 상호작용에 하루 평균 6시간, 전자 매체 사용에는 4시간을 썼다고 합니다. 2007년에는 그 비율이 역전되어 전자 매체를 통한 사회화에 8시간, 얼굴을 마주보는 사회적 상호작용에는 2.5시간을 썼습니다.[75] 지금은 2007년보다 전자 매체에 쏟는 시간이 더 늘어났을 겁니다.

이런 소통방식의 변화는 무엇을 의미할까요? 직접적인 만남에서 간접적인 만남으로 시간과 관심을 쏟으면서 우리는 스마트폰이 놓아준 연결과 관계에 더욱 집착하게 되었습니다. 자신이 외롭다고 느끼는 사람들이 페이스북에 더 강하게 애착을 느끼는 반면, 현실에서 건강한 관계망을 구축한 사람은 페이스북을 그 관계에 도움을 주는 추가 요소로 활용합니다. 외로움을 심하게 느끼는 사람들이 현실에서 사교적인 사람들보다 페이스북 친구가 더 많다는 조사도 있었습니다.[76]

외로움은 현실과 다른 '디지털 자아'를 만들기도 합니다. 줄리엣 비노쉬가 주연한 영화 〈트루 시크릿〉은 그것을 잘 보여줍니다. 50세 중년 여성 클레르(줄리엣 비노쉬 분)는 연하 남자친구를 감시하고자 24세 클라라로 SNS에 가짜 계정을 만듭니다. 그리고 의도와 달리 남자친구의 친구가 클라라에게 빠지고 클레르는 자신이 만든 가상의 자아 클라라로서 그와 사랑에 빠집니다. 현실에선 더 없이 지적이고 우아한 클레르가 (특히 교수라는 직업을 갖고 있음에도) 스스로 제어하지 못하는 분열된 욕망의 양상을 보이는 것은 상당히 흥미롭습니다. 클레르가 만든 '클라라'는 공허하고 외로운 현대인의 또 다른 그림자가 아닌지 모르겠습니다.

클레르처럼 SNS를 통해 새로운 자아를 꿈꾸는 사람이 있습니다. 하지만 그렇게 만들어진 디지털 자아를 계속 유지할 수는 없습니다. 내가 아닌 나로서 살아가는 것은 한계가 있습니다. 자존감이 낮은 아이들에게 페이스북은 자기 노출을 하기에 안성맞춤인 장소입니다. 그래서 자존감이 높은 아이들보다 페이스북에 훨씬 더 많은 시간과 노력을 쏟는다는 연구도 있습니다.[77] 고립당하기 싫은 인간의 본성은 곧 인정받고 싶은 욕구와 통합니다. 그 욕구는 SNS에 대한 과도한 집착으로 드러나기도 합니다. 남들이 자신을 주목하고 자신과 상호작용하기를 갈망합니다. 자신을 과장하거나 전혀 다른 정체성을 드러내기도 합니다. 이렇듯 디지털 자아는 타인의 반응에 의존하면서 아직 성숙하지 못한 자아의 외로움과 불안을 더욱 강화합니다.

스마트폰이 없으면 친구도 없다?

디지털 의존도가 높은 아이는 어느 순간부터 실제 세상에서 디지털 세상으로 이동합니다. 온종일 SNS에 매달리고 문자 메시지를 주고받습니다. 온라인 연결을 통해 스스로 고립되지 않았음을 확인합니다. SNS 친구에게 관심과 인정을 받는 것이 쉽고 뿌듯합니다. 진짜 세상에서 친구를 만나려고 애쓸 필요도 없습니다. 직접 만나 생각을 읽고 공감하며 상대를 이해하기 위해 에너지를 쓰지 않아도 됩니다. 하지만 온라인을 통한 교류는 실제 세상에서 만나는 교류의 보조 수단이어야 합니다. 아니, 그럴 수밖에 없습니다. 내가 직접 두 발로 가본 여행지와 그저 화면 속에서 본 여행지는 같은 곳이라도 엄청난 차이가 있습니다.

사람은 자신의 말과 행동이 다른 사람에게 어떻게 영향을 미치는지 보면서 공감하고 이해하는 능력을 키울 수 있습니다. 정서와 공감은 쉬이 발달하지 않습니다. 직접적이고 상호적인 반응을 통해 오랜 시간 차곡차곡 쌓이면서 발달합니다. 공감 능력을 키우지 못하면 다른 사람을 배려하지도 못하고 다른 입장을 이해할 수도 없습니다.

SNS나 문자는 직접적인 소통이 아닙니다. 지금 많은 디지털 원주민은 직접 얼굴을 마주하면서 이야기하거나 소통하지 않고 SNS 메시지나 문자를 주고받으며 이야기를 나눕니다. 심지어 바로 옆에 친구가 있는데도 말입니다. 표정이나 반응을 보지 않고 스마트폰 스크린에 스스로를 가둔 형국입니다. 《디지털 시대, 위기의 아이들》의 공저자이자 심리학자인 캐서린 스타이너 어데어는 이렇게 선언했습니다. "문자 메시지는 성숙하고 다정하고 세심한 인간관계를 기르는데 최악의 방법이다."

온라인으로 처음 맺은 관계라도 실제 세상에서 직접 만나야 그 관계가 건강하게 형성되고 특별해질 수 있습니다. 스마트폰은 이렇게 형성된 관계를 보완하는 도구일 뿐입니다.

외로운 아이에게 필요한 것은 스마트폰이 아닙니다. 그렇다면 외로운 아이의 마음을 채워줄 수 있는 것은 무엇일까요? 《어린 왕자》의 저자 생텍쥐페리는 친구를 파는 상점은 없다고 했습니다. 함께 나눈 시간과 추억은 단번에 돈으로 살 수 없다는 의미입니다. 친구가 소중한 이유는 우리가 모두 외로운 존재이기 때문입니다. 그 외로움은 돈으로도 스마트폰으로도 보상받을 수 없습니다.

아이에게 친구는 외로움을 나눌 수 있는 소중한 관계입니다. 직접 얼굴을 보고 상대의 눈빛과 몸짓, 목소리에 공명을 일으키면서 서로 특별한 관계로 발전합니다. 스마트폰에서는 결코 느낄 수 없는 상대의 모든 감각을 느끼면서 말입니다. 아이들의 외로움은 스마트폰이 아니라 이런 직접 만남으로 조금씩 흐려진다는 점을 기억했으면 합니다. ✎

"스마트폰이라도 해야 스트레스를 풀죠."
: 스트레스와 과의존

'아침 6시에 일어나면 허겁지겁 세수를 하고 7시까지 학교에
도착한다. 그리고 계속 공부의 연속이다. 점심시간에도 녹초
가 되기 일쑤다. 학교를 마친 뒤에는 학원이 기다린다. 학원까
지 가는 시간 동안 스마트폰이 유일한 안식처다. 학원에 도착
하면 이 짧은 행복도 끝난다. 그리고 학원이 끝나면 비로소 나
는 자유를 만난다. 내게 스마트폰은 자유다. 잠을 줄여서라도
나는 이 자유를 포기할 수가 없다.'

정말이지, 빡빡합니다. 당장 수험생이 아니어도 한국의 제도권 교
육에 있는 학생이라면 입시라는 지옥에서 자유롭지 못합니다. 물
론 양육자의 경제·정보력 등에 따라 차이는 있겠지만 거의 모든 아
이들이 획일적인 일상을 보냅니다. 모든 것을 입시를 위해 희생해
야 하고, 그것을 당연시 여기는 풍토 속에 아이들은 시들어갑니다.
이런 분위기 속에서 놀이도 친구도 음식도 책도 아이들의 탈출구
가 되지 못합니다. 유일한 탈출구가 있다면 스마트폰입니다. 물론

스마트폰 안에 놀이, 친구, 책 등 거의 모든 것이 있다고 생각하겠지만 사각의 프레임 안에서는 그런 낭만적인 즐거움을 찾기 힘듭니다.

스마트폰과 게임 등이 아이들에게 유일한 해방구로 작동하는 것은 그만큼 스트레스가 많기 때문입니다. 가정과 학교, 학원 등 아이들이 가는 모든 곳마다 공부 스트레스는 떠나지 않습니다. 물론 스마트폰이나 게임을 할 때는 잠시 잊을 수 있지만, 지긋지긋한 공부를 할 때마다 마주하는 스트레스에 비하여 그 해방감은 너무나 짧게 느껴집니다.

공부, 아이들의 가장 큰 스트레스

아이들은 억압적인 현실 앞에서 스트레스를 회피하고 싶습니다. 이를 피하고 싶은 것은 인간의 당연한 본능입니다. 그렇다고 현실 앞에 놓인 스트레스와 맞닥뜨리지 않고 살아갈 방법은 없습니다. 만약 전적으로 내가 선택한 길에서 스트레스를 만난다면, 어려움을 감당할 용기도 생깁니다. 때로는 어려운 길을 넘어서는 과정에서 성장이라는 열매도 만납니다. 아이들에게 공부가 심한 스트레스로 작동하는 것은 자신이 선택하거나 원하지 않았기 때문입니다. 양육자와 세상이 정한 목표로 공부를 강요하는 현실 앞에서 아이들은 무력할 뿐입니다. 이런 환경에서 아이들이 즐거움과 기쁨을 느낄 리 없습니다.

공부, 공부, 공부...
스트레스 공화국에 사는
십대들의 유일한 해방구는?

양육자는 이렇게 말합니다.

"이게 다 너를 위한 거야. 널 사랑하기 때문에 이러는 거, 알지?"

사랑하기에 떠난다는 말을 믿을 수 없듯이, 사랑하기 때문에 강요하는 말을 아이는 이해할 수 없습니다. 아이는 양육자의 기대가 내심 부담스럽습니다. 이럴 때 아이는 양육자의 마음에 들지 못해서 전전긍긍하는가 하면 양육자가 내 마음을 몰라준다며 반항하기도 합니다. 어느 쪽이든 양육자와 아이는 심리적 평행선을 내달릴 수밖에 없습니다.

서로 이해하지 못하고 갈등의 골이 깊어질 때 아이가 쉽게 선택할 수 있는 것이 스마트폰입니다. 어디든 손만 뻗으면 만날 수 있는 스마트폰을 쥐면 지긋지긋한 현실에서 도망칠 수 있기 때문입니다. 아이들은 빡빡한 공부의 굴레와 부담스러운 양육자의 기대가 버겁습니다. 이런 아이들에게 스마트폰에 왜 집착하느냐고 묻는다면 대번에 이런 말이 나올 겁니다.

"스마트폰이라도 해야 스트레스를 풀죠."

스트레스가 쌓일수록
스마트폰에 더 의존한다

스트레스는 만병의 근원입니다. 현대인들은 스트레스를 풀기 위해 다양한 시도를 합니다. 혹은 특정한 행위 중독에 빠지기도 합니다. 강도 높은 일에 시달리는 직장인이 스트레스를 풀기 위해 쇼핑(소비) 중독에 빠지거나 폭식을 하는 경우 등이 그렇습니다. '홧김비용(스트레스로 인한 지출비용)'이라는 말이 생길 정도입니다.

신한은행이 만 20세 이상 경제활동자를 대상으로 내놓은 '2019 보통사람 금융생활보고서'[78]에 따르면 직장인 85.5%는 홧김비용으로 월평균 20만 7,000원을 지출했습니다. 남성은 외식·음주가 63.3%로 압도적이었고, 여성은 외식·음주가 53%로 2위, 군것질거리가 52.3%로 3위를 차지했습니다.

스트레스는 스마트폰 중독에도 영향을 미쳤습니다. 김대진 교수 연구팀이 만 20세 이상 성인 400명(남성 51.5%, 여성 48.5%)을 대상으로 설문 조사를 해보니, 스트레스가 높아지면 자기통제력이 떨어지고 스마트폰 의존에도 취약해졌습니다. 자기통제력이 높은 사람은 스마트폰 사용을 적절하게 통제했으나, 신경증이 있는 사람은 스트레스가 높은 상황에서 스마트폰 중독의 위험도 높아졌습니다. 따라서 "스마트폰 중독 위험을 낮추기 위해서는 스트레스 관리가 중요하다"는 것을 다시금 확인할 수 있습니다.

스트레스는 청소년에게도 가장 큰 위험 요인입니다. 전국아동여성안전네트워크가 발표한 '청소년 건강 행태 설문 조사결과'에 의하면 전체 응답자의 33.5%가 '스트레스, 우울감'을 10대 청소년 건강과 안전에 가장 큰 위협 요소로 꼽았습니다. 이어 19.0%가 '인터넷·스마트폰·게임 등 미디어 중독'이 청소년에게 악영향을 미친다고 답했습니다.[79] 이 조사는 스트레스와 스마트폰이 청소년에게 악영향을 미치는 요소로 상위권에 오름과 동시에 스트레스 때문에 스마트폰을 잡는 것은 이중의 위험에 노출될 수 있음을 보여줍니다. 스마트폰은 분명 실생활에 유용한 도구입니다. 하지만 사용시간이 길어지고 의존도가 높아지면 우울증으로 발전할 수 있다는 연구도 있습니다. 미국 애리조나 대학 매튜 라피에르 교수는 "스마트폰에 의존하는 사람은 외로움을 느끼며, 스마트폰 의존증이 심해질수록 우울 증세도 심각해진다. 사람들은 스마트폰을 사용해 서로 교류할 수 있지만 심리적으로 부정적인 결과를 이끄는 동인이기도 하다"고 말했습니다.[80] 소통을 원활히 하고 교류의 폭을 확장하기 위해 사용한 도구가 되레 외로움과 우울증을 불러온다는 것은 아이러니합니다. 스트레스를 풀기 위해 선택한 스마트폰이 청소년의 건강과 정서에 악영향을 준다는 사실 또한 그렇습니다.

자기통제력을 길러주면
아이들의 스트레스도 줄어든다

10대 사춘기는 독립을 시도하는 시기입니다. 우선 마음이 그렇습니다. 품안의 자식이었던 아이는 양육자 품을 벗어나 더 넓은 세계를 만나려고 꿈틀거립니다. 반면 양육자는 자신의 품을 떠나려는 아이를 쉬이 놓아주지 못합니다. 아직 독립할 때가 아닌 것 같은 아이가 불안하기만 합니다. 때문에 양육자와 아이의 갈등이 커집니다. 이 시점에서 잊지 않아야 할 점이 있습니다. 양육의 목표는 독립입니다. 자녀는 죽을 때까지 품고 있어야 할 존재가 아닙니다. 아이는 스스로 독립을 시작하면서 조금씩 성장합니다. 양육자는 아이를 자신에게 분리하면서 자신도 다시 성장하게 됩니다. 아이가 사춘기를 맞이할 때 양육자 자신도 제2의 사춘기를 경험하는 것입니다. 독립을 시작하는 아이에게 필요한 것은 자신을 제어하고 통제할 수 있는 능력입니다. 이런 능력은 저절로 생겨나지 않습니다. 훈련과 연습을 통해 서서히 자랍니다. 공부할 시간, 노는 시간, 친구 만나는 시간, 또 휴식 시간 등 자신의 일과를 스스로 결정할 수 있는 선택권을 조금씩 주어야 합니다. 이렇게 자기통제력을 길러주면 아이 스스로 자신의 스트레스를 줄여갈 수 있습니다.

지금 우리 아이들의 마음고생은 이만저만이 아닙니다. 빽빽하게 짜인 하루가 아이를 얼마나 힘들게 하는지, 양육자는 이런 아이들의 마음고생과 스트레스를 이해해줘야 합니다. 사실 스트레스는 스스로 선택할 수 있는 권한이 적을수록 커지게 됩니다.

아이의 미래는 길게 뻗어 있습니다. 길고 긴 인생의 길을 걸어가면서 때로는 양육자나 아이 모두에게 휴식이 필요합니다. 자기통제력은 충분한 휴식에서 나옵니다. 아이도 자신만의 시간을 만끽할 수 있어야 합니다. 자극 없는 편안한 휴식을 통해 아이는 스스로 판단하고 조절할 수 있는 능력을 갖게 됩니다.

따라서 아이에게 충분히 쉴 수 있는 건강한 해방구를 만들어주는 것이 중요합니다. 과도한 스트레스 속에서는 어른 아이 할 것 없이 누구라도 스마트폰 과의존에 빠질 수 있습니다. 잘잘못을 따지기보다 아이가 무엇 때문에 힘들어하는지 귀 기울여 들어주면 좋겠습니다. 그리고 힘들 때마다 스마트폰이 아닌 다른 스트레스 해방구를 찾아보는 노력도 필요합니다. 아이가 무엇을 좋아하고, 또 무엇을 하면 재충전이 되는지를 아이에게 물어보면서 함께 아이만의 휴식시간을 만들어 가면 좋습니다. 아이도 자신만의 시간을 통해서 쌓인 스트레스를 풀다보면 습관적으로 스마트폰을 찾는 것에서 조금씩 벗어날 수 있습니다. ❧

아이의 마음에도 좋은 영양분이 필요해요!

마음근육을 높여주는 대화법

잘 먹고, 잘 쉬고, 잘 자는 아이는 건강합니다. 당연히 몸과 마음의 면역력도 높습니다. 하지만 스마트폰과 같은 디지털 기기의 지나친 사용은 아이의 심리적 면역력을 떨어뜨립니다. 어떻게 하면 아이의 마음근육, 즉 심리적 면역력을 높여줄 수 있을까요?

우선 아이의 욕구/감정과 생각을 잘 들여다봐야 합니다. 평소에도 아이의 욕구/감정은 무엇인지, 또 아이의 생각은 어디에 향해 있는지를 살펴보는 것이 중요합니다. 그런데 자녀의 마음을 읽기 위해 자녀와 소통을 하는 것을 어려워하는 부모님이 많습니다. 자녀와의 소통이 어렵다면 왜 그럴까요?

소통에는 어떤 메시지가 있습니다. 다른 관계에 비해 자녀와의 소통에 더 어려움이 있다면, 부모와 아이의 메시지가 서로 다른 방향을 향하고 있거나, 또는 아이의 메시지를 부모가 이해하지 못하는 경우도 많기 때문입니다. 때로는 아이의 침묵도 메시지입니다. 아이가 말을 안 하거나, 문자에 답을 안 한다면 일부러 안 하는 것일 수 있습니다. '아마, 내가 얘기해도 엄마는 믿어주지 않을 거야' 하면서 아이는 부모와의 대화를 꺼려할 수 있습니다. 다음의 두 가지 대화법을 통해 자녀와의 소통을 이어나가는 데 도움을 얻기 바랍니다.

1. 욕구/감정 조절을 위한 대화법

아이들은 쉽게 재미와 스릴을 느낄 수 있는 것을 찾습니다. "스마트폰만큼 재미있는 건 없어." "스트레스 받을 때 스마트폰이 짱이야." 하지만 일상생활에서 아이의 욕구와 감정을 관리하지 않으면 심리적 면역력이 약화될 수 있습니다. 이런 경우, 아이의 감정과 욕구(바람)를 무조건 제지하지 않고 일단 존중해주세요. 다만, 감정과 욕구를 표현하고 처리하는 방식에는 문제제기를 하세요. 그리고 감정을 잘 인식하고 수용할 수 있도록 도와주는 것이 필요합니다.

부모 "기분이 어떠니?"

아이 "몰라요. 신경 쓰지 마세요."

(우울, 불안하거나 짜증날 때 일단 회피합니다. 그러나 부정적 감정을 잠시 견디는 심리적 근육을 만드는 것이 필요합니다)

부모 "짜증이 난 것처럼 들리는구나…."

(자녀의 마음상태를 부모가 언어로 읽어주는 것이 필요합니다)

부모 "그래, 짜증이 날 수도 있지."

"이럴 때, 스마트폰으로 풀기보다 그 감정 그대로 내버려두면 어떨까."

(아이가 자신의 감정을 잠시 바라볼 수 있도록 도와줍니다)

2. 생각조절을 위한 대화법

인간은 합리적으로 판단하기보다 효율적으로 판단하기 쉽습니다. 예를 들어 아이들이 스마트폰에 대한 기대감을 생각해봅시다. "심심할 땐 이만한 게 없어!" "스마트폰은 스트레스 해소에 딱이야!" "스마트폰으로 모든 걸 다할 수 있어!" 이런 생각들은 합리적이지 않지만 효율적이라고 느낍니다. 이처럼 스마트폰에 대한 왜곡된 생각과 비합리적 신념이 많을수록 스마트폰에 빠져들기 쉽습니다. 이러한 생각의 집착을 다른 관점에서 바라볼 수 있도록 도와주는 것이 필요합니다.

아이   'SNS를 바로 확인하지 않으면 나만 왕따가 될 거야!'

부모   "그렇게 생각한다면, 굉장히 불안할 것 같구나. 그런데 SNS를
　　　　바로 확인하지 않으면 정말 왕따가 될 것 같니?"

　　　　(대화중에 자녀가 경험하는 감정이 정말 타당한지 질문해주세요)

부모   "그렇게 생각하게 된 무슨 이유라도 있니? 궁금하구나."

　　　　(효율적인 생각이 과연 합리적인지 다시 한 번 생각할 수 있도록 질문
　　　　해주세요)

부모   "만약, 다르게 생각해 본다면 어떤 생각을 할 수 있을까?"

　　　　(다른 관점에서 생각해볼 수 있도록 질문해주세요)

* 참고 : 한국정보화진흥원

04

우리 아이, 스마트폰 없이도
행복할 수 있을까?

자기조절력이 높은 아이들의 특징

"과잉도 결핍을 만들어내는 한 방식이다.
그러므로 스스로 알아나가도록 두어야 채울 수 있게 된다."

– 정신분석가, 도널드 위니캇

자기조절력이 단단한
아이들의 3가지 특징

"흐트러짐 없이 자기를 지켜내는 능력은 하루아침에 만들어
지지 않는다. 지속적인 생각 훈련을 통해 자기원칙을 세우고,
자기조절능력이 높아진 아이는 자신의 꿈과 희망을 위해 삶의
이유와 가치에 따라 공부와 다른 일을 하게 되며 흐트러지지
않을 수 있게 된다."

- 문학치료사 박민근

지금까지 스마트폰(디지털) 과의존으로 청소년들의 몸과 마음이 얼
마나 힘든지 살펴보았습니다. 그렇다면 디지털 공해부터 우리 아
이들을 어떻게 보호할 수 있을까요?

여기서 먼저 짚고 넘어가야 할 것이 있습니다. 왜 어떤 아이는 스
마트폰의 유혹에 쉽게 빠지고, 또 어떤 아이는 유혹에 쉽게 넘어가
지 않을까요? 핵심은 자신을 조절할 수 있는 능력에 있습니다. 아
이 안에 자신을 지킬 수 있는 심리자원이 많을수록 자기조절력은
높아집니다. 따라서 양육자는 아이가 스스로 자신을 조절할 수 있

는 힘을 길러주도록 도와주어야 합니다. 아울러 아이들이 스마트폰에 빠지지 않고 일상의 균형을 유지하도록 주변 환경을 만들어주는 것도 중요합니다.

자기조절력의 중요한 3가지
회복탄력성, 자기통제력, 자아존중감

디지털 기기는 여러모로 매력적입니다. 끊임없이 자극을 쏟아내면서 사용자가 지루한 줄 모르게 합니다. 개발자나 사업가들은 사용자가 특정 행위를 통해 희열을 느끼는 보상 체계를 더 집요하게 만들었습니다. 사용자의 뇌를 어떻게 자극하면 더 즉각적인 반응이 나오는지, 또 특정 상품에 매달리게 되는지 등을 치밀하게 연구했습니다.

이렇듯 디지털 기기나 미디어(콘텐츠)가 주는 매력에 우리 뇌는 쉽게 넘어갑니다. 여기에 아이들은 어른보다 더 취약합니다. 그렇다고 아이들에게서 스마트폰을 아예 없애는 것은 현실적으로 불가능합니다. '포노 사피엔스' '호모 스마트포니쿠스'라고 불리는 요즘 시대에 스마트폰은 몸의 일부분과 같습니다. 관건은 '스마트폰을 어떻게 사용할 것인가'입니다. 아이가 스마트폰을 자신의 목적에 맞게 사용할 수 있게, 또 적절히 조절할 수 있게 도와주어야 합니다. 사용시간도 중요하지만, 어떤 목적으로 어떻게 사용하는지도 중요합니다. 여기서 아이의 자기조절력이 중요하게 작용합니다.

요즘 아이들에게 가장 부족한 것이 무엇이냐고 묻는다면, 어른들은 이구동성으로 인내심이라고 말합니다. 쉽게 말해 자기조절력이 부족하다는 의미입니다. 그런데 자기조절력은 단기간에 길러질 수 없습니다. 오랜 시간 차곡차곡 몸의 근육이 쌓이듯 끊임없는 훈련을 거쳐 자기조절력도 만들어집니다.

아이들이 디지털 기기에 빠지지 않고 스스로 균형 잡힌 일상생활을 지켜나가기 위해서도 자기조절력은 필수입니다. 이것은 어른 아이 구분할 것 없이 모두에게 중요한 능력입니다. 이 책에서는 자기조절력을 높이는 심리자원으로 회복탄력성, 자기통제력, 자아존중감 이 세 가지를 꼽았습니다.

자기조절력의 원동력은
나 자신을 사랑하는 것

모모는 에밀 아자르[81]가 지은 소설 《자기 앞의 생》의 주인공 이름입니다. 열 살(로 알고 있지만 사실은 열네 살) 모모는 조숙한 아이입니다. 생일도 모르고 엄마 얼굴도 모른 채 파리 빈민가 벨빌에 사는 모모의 눈에 비친 세상은 아름답다기보다 각박하고 모진 곳입니다. 모모가 사랑하는 사람 모두는 사회적 약자입니다. 누군가는 더럽고 지저분하다는 편견을 가질 법한 환경이지만, 그들은 서로를 돕고 사랑하면서 삽니다.

모모를 양육하는 성매매여성 출신의 로자 아줌마와 늙고 병들거나 가난하지만 모모를 일깨워주는 스승들이 벨빌에 살고 있습니다. 모모는 불쌍한 사람에게 생(生)이 너무하다며 불평하지만 그런 상황도 덤덤하게 받아들이고 상처까지 보듬는 애늙은이입니다. '가난은 아이를 너무 빨리 철들게 한다'는 명제를 떠올리게 하는 아이입니다. 모모가 하밀 할아버지에게 늘 묻던 질문이 있습니다. "사람은 사랑 없이도 살 수 있나요?" 모모는 하밀 할아버지를 통해 '인간은 사랑 없이 살 수 없다'는 깨달음을 얻습니다.

'모모(momo) 세대'라는 말이 있습니다. 여기서 모모는 'more mobile'을 뜻합니다. 디지털에 친숙한 환경에서 나고 자란 영유아를 통칭합니다. 디지털 네이티브와 비슷한 뜻입니다. 모모 세대를 대상으로 한 시장 규모는 나날이 커지고 있습니다. 산업연구원은 영유아 및 초등학생 대상 국내 키즈 콘텐츠 시장 규모가 매년 증가해 2019년 4조 원대를 훌쩍 넘어설 것으로 예상했습니다.[82] 디지털은 이 시장에서도 절대적인 위치를 차지하고 있습니다. 유튜브 등을 무대로 활용하는 키즈 콘텐츠는 성장 일로에 있습니다.

모모 세대는 《자기 앞의 생》의 모모와 어떤 상관관계가 있을까요. 스마트폰과 떼려야 뗄 수 없는 모모 세대에게 모모는 중요한 시사점을 주고 있습니다. 소설을 보면 사랑이라는 단어가 자주 등장합니다. 모모는 사랑을 귀에 듣고 입에 담으며 자랍니다. "사람은 사랑 없이 살아갈 수 없다"라고 말해준 하밀 할아버지 덕분에 그 말을 실천하며 삽니다.

모모는 병에 걸려 얼굴이 변하고 있는 로자 아줌마의 화장을 고쳐주면서 곁을 지킵니다. 열 살이 익힌 세상은 절망투성이지만 그동안 자신이 받은 사랑으로 힘든 하루하루를 버티며 살아갑니다. 세월이 흐르면서 모모는 이렇게 중얼거립니다. "그렇다. 한탄할 건 없다. 우리는 사랑해야 하고 또 사랑하고 있으니까."

모모처럼 마음근육이 단단한 10대로 성장한 아이라면 스마트폰의 유혹 앞에서 어떤 모습을 보일까요? 한번 상상해봅니다. 또래 친구들 대부분이 빠져 있는 스마트폰을 그 아이라고 모른 척하기는 쉽지 않을 겁니다. 그럼에도 기대하는 모습이 있습니다. 자신의 용도와 시간에 맞게 스마트폰을 이용하는 모습, 스마트폰에 휘둘리지 않으면서 적절히 조절하는 모습. 자신을 아끼고 사랑하는 아이라면 아마 그런 모습일 겁니다.

자신의 몸과 마음이 소중한 아이에게 스마트폰은 중요한 변수가 아닙니다. 언제나 어디서나 갖고 다니는 스마트폰이지만, 아이가 '자신'을 잃지 않는다면 스마트폰은 부차적인 문제일 겁니다. 가장 기본이자 본질적인 문제는 아이가 자신을 아끼고 사랑하는가에 있습니다. 그것이 아이 스스로 자기를 조절하게 하는 원동력입니다.

넘어져도 다시 일어서는 능력

: 회복탄력성

"인생이란 길을 걷다보면 늘 구부러진 모퉁이가 나오기 마련
이래요. 새로운 모퉁이를 돌았을 때, 그곳에 무엇이 기다릴까
요? 전 거기에 희망과 꿈이 있을 거라 믿고 걸어가기로 했어
요. 무척 좁아 보이던 그 길을 조급해하지 않고 천천히 걸어가
고 싶어요."

– 루시 몽고메리, 《빨강머리 앤》 중에서

《빨강머리 앤》의 원작은 'Anne of Green Gables(초록 지붕 집의 앤)'
입니다. 캐나다 소설가 루시 몽고메리가 1908년 발표한 소설로 주
인공 앤 셜리가 한적한 시골 마을 에이번리에 있는 한 가정에 입
양되면서 벌어지는 이야기입니다. 앤은 입양 첫날부터 자신이 원
래 선택받은 아이가 아니란 사실을 알게 되지만 절망하지 않습니
다. 물론 슬프고 두렵고 울고 싶은 순간이 수시로 찾아옵니다. 그
럼에도 앤은 자신의 감정을 감추거나 피하지 않고 특유의 명랑함
으로 자신을 절망에서 건져 올립니다. 이정모 서울시립과학관장은

"앤은 친구들에게 따돌림을 당하고 야단을 맞아도 금세 툭툭 털고 일어납니다. 회복탄력성이 최고"라고 말했습니다.

《빨강머리 앤》을 읽으면 앤은 도저히 미워할 수 없고 사랑할 수밖에 없는 10대의 모습입니다. 비쩍 마른 말라깽이에 얼굴은 주근깨투성이, 머리카락 색깔은 홍당무 같은 빨강머리, 여러 콤플렉스를 가진 앤이지만 그것을 온전히 자신의 것으로 받아들이고 장점으로 승화시킵니다.

"내일은 아직 아무 실수도 안 한 새로운 날이라고 생각하니 멋지지 않아요?"

회복탄력성(resilience)은 이런 것입니다. 스트레스나 어려움에 부딪혔을 때, 이를 적절하게 대처하여 균형 상태를 유지할 수 있는 능력 혹은 충동을 조절하면서 다시 평정한 상태로 돌아올 수 있는 내면의 힘입니다. 회복탄력성이 중요한 이유가 있습니다. 사람은 누구에게나 우울한 날이 있고, 화나거나 감당할 수 없는 슬픔에 처하기도 합니다. 사는 것이 버겁거나 '살기 싫다'는 극단적인 생각까지 내몰리는 경우도 있습니다. 내 안에서든 외부에서든 부정적인 감정이 들이닥치는 것을 피할 수 없습니다. 이는 몸과 마음에 영향을 주고 우울이나 불안, 물질 중독이나 행위의 과의존 등으로 나타나기도 합니다.

사실 중요한 것은 스트레스나 어려움 자체가 아닌 그 이후입니다. 문제가 생겼을 때 해결이 더 중요한 것과 마찬가지입니다. 문제나 어려움 이전의 상태로 돌아가고 싶은 것이 사람의 마음입니다. 그러나 그것이 쉽지 않습니다. 크게 사람은 두 부류로 나눠질 수 있습니다. '그래, 그럴 수 있어' '그런 일이 나만 일어나는 것도 아니잖아'라며 넘어져도 다시 일어서는 사람. 반면 '왜 나한테만 이런 일이 일어나는 거야' '어떻게 이럴 수가 있지?'라며 문제에 얽매여 스트레스를 계속 받는 사람. 당연하게도 앞에 있는 사람이 회복탄력성이 높은 사람입니다. 회복탄력성이 높을수록 어려움을 극복할 가능성이 커집니다.

과거 회복탄력성은 외상후 스트레스장애(Post-traumatic Stress Disorder·PTSD)나 약물 등 물질 중독 연구에 집중된 경향이 있었습니다. PTSD 환자들의 경우 극심한 스트레스에 따른 감정조절 실패 등이 뇌 기능에 변화를 가져왔고, 이에 대한 연구도 많이 이루어졌습니다. 최근에는 행위 중독 등과 관련한 연구에도 회복탄력성이 등장하고 있습니다.

청소년을 대상으로 실시한 연구에 따르면 낮은 회복탄력성이 조기음주 및 약물 사용 문제와 관련이 있고, 회복탄력성이 높을수록 흡연이나 음주, 약물 사용 등의 위험 행동이 감소한다는 보고도 있습니다. 이러한 연구 결과들은 회복탄력성을 높이면 중독의 위험을 낮출 수 있다고 시사합니다.[83]

회복탄력성
"넘어져도 괜찮아, 다시 일어서는 거야."

회복탄력성이 낮을수록 게임의존도가 높다

김대진 교수 연구팀은 회복탄력성과 게임 중독 간 연관성을 연구했습니다. 성인 71명을 대상으로 한 이 연구에서 35명이 게임 중독군이었습니다. 연구 결과, 회복탄력성이 높을수록 게임 중독에 빠질 위험이 낮았습니다. 반면 회복탄력성이 낮은 게임 중독군은 PTSD 환자에게 주로 발견되는 우울과 스트레스를 많이 받는 경향이 나타났습니다. 실제로 많은 연구가 인터넷 게임을 많이 할수록 우울, 불안과 같은 감정 문제, 판단력 및 주의력 저하 등의 인지 문제가 나타난다고 보고하고 있습니다.

회복탄력성이 이런 변화를 조절할 수 있는 중요한 역할을 합니다. 물론 회복탄력성이 높은지 아닌지 알기 위해서는 성격 요인과 현재 심리 상태가 어떤지 파악하는 것이 중요합니다. 회복탄력성은 어려운 상황에서 원인을 제대로 파악하고 해결해나갈 수 있는 능력인 한편으로 유연한 사고와 자기통제력과도 관련되어 있습니다. 삶에서 넘어졌을 때 다시 일어설 수 있는지는 지금 내 상태가 어떤지 아는 것에서 시작합니다. 이는 정서지능(Emotional Intelligence)과 직결되어 있습니다. 정서지능은 자신이나 타인, 집단의 감정을 파악하고 평가하며 대처하는 능력입니다.

앤은 그런 정서지능이 탁월한 아이였습니다. 자신을 입양한 매튜와 마릴라는 물론 마을 이웃이나 친구들에게 집중한 덕분입니다. 물론 그전에 자신이 어떤 사람이며 어떤 상태에 있는지, 자신을 있는 그대로 수용할 수 있는 사람이었습니다. 앤은 잘못하면 잘못한 대로 빨리 반성하고 사과하면서 그것을 훌훌 털고 지금과 오늘을 만끽했습니다. 자신의 빨강머리를 죽기보다 싫어했지만, 이것에 집착하기보다 자신을 행복하게 하는 일에 더 많은 시간을 쏟았습니다. 실수나 실망에 빠져 있지 않고, 그것을 토대로 자신의 결점을 고쳤으며 두려움과 위기에도 굴하지 않았습니다.

두렵다고 이를 피하거나 마냥 울고 있는 것이 아니라 현재에 집중하면서 미래를 향해 걸어가는 사람이 앤이었습니다. 앤은 많은 사람이 갖고 있는 편견도 깼습니다. 흔히 열악한 환경에서 자란 사람들은 그렇지 않은 가정에서 성장한 이들보다 사회 적응력이 떨어지고 범죄 등에 노출될 것이라는 편견 말입니다. 앤이 가진 회복탄력성은 불가사의할 정도였습니다. 원동력은 무엇이었을까요?

어떤 상황에서도
아이를 믿어주는 어른이 필요하다

회복탄력성을 말할 때 흔히 인용하는 사례가 있습니다. 미국의 심리학자, 사회복지사, 정신과·소아과 의사 등이 미국 하와이군도 카우아이섬에서 1955년 출생한 신생아 833명을 18세가 될 때까지 추적하는 대규모 연구에 착수했습니다. 이 섬은 당시 경제적으로 매우 가난했고 질병, 알코올 중독, 범죄율 등이 다른 지역보다 높은 사회경제적 조건에 처해 있었습니다.

이 연구에 참여한 심리학자 에미 워너 교수는 대상자 중에서도 극단적으로 힘겨운 상황이었던 201명의 성장을 따라갔습니다. 그리고 뜻밖의 놀라운 사실을 발견했습니다. 3분의 1에 달하는 72명이 어려운 환경을 본인에게 유리한 쪽으로 이용하는 지혜를 발휘했습니다. 유능하고 친절한 어른으로 성장한 이들을 놓고 무엇이 이것을 가능하게 했는지 연구했습니다.

워너 교수는 그 원동력으로 회복탄력성을 들었습니다. 그가 내놓은 비밀은 어찌 보면 단순했습니다. 어떤 상황에서도 무조건 믿어주고 편이 되어 응원해주는 한 사람. 그 존재는 양육자일 수 있고, 선생님이나 동네 어른 등 누구든 상관없었습니다. 이런 존재만 옆에 있다면 아무리 끔찍한 일도 견디고 밝고 건강한 사회인으로 자랐습니다. 이밖에도 뛰어난 사회화 기술과 의사소통 기술, 삶이 힘들 때 집중할 수 있는 활동이나 취미, 낙천적이고 낙관적인 내적 통제력과 긍정적인 자기 개념 등이 회복탄력성의 비결이었습니다.

더 중요한 것은 회복탄력성은 어린 시절의 경험에 의해서만 결정되는 것이 아니라 성인이 된 뒤에도 노력과 훈련에 의해 높아질 수 있다는 점입니다. 워너 교수는 이렇게 말했습니다.

"지독한 가난, 부모의 부재, 폭력적인 이웃과 우범 지대에서의 성장 등 어려움 속에서도 아이들이 꿋꿋이 바르게 성장하고 사회에 제대로 적응할 수 있는 능력을 발휘하는 것은 놀라운 일입니다. 물론 모든 아이들이 다 그럴 수 있는 것은 아니지요. 회복탄력성이 있는 아이들만 그러한 능력을 발휘합니다. 회복탄력성 자체를 아이들에게 가르칠 수는 없습니다. 그것은 지식이나 정보가 아닙니다. 다만 회복탄력성의 요소가 많은 학자들에 의해서 파악된 만큼 회복탄력성의 증진을 위해 노력하는 방법에 대해서는 얼마든지 가르칠 수 있습니다."[84]

회복탄력성은 마음근육의 일환으로 키우고 학습하고 관리해야 하는 능력입니다. 절망의 구렁텅이에 빠져 조커(Joker)[85]처럼 될 수도 있었던 앤은 자신을 한없이 믿어주는 존재들 덕분에 새로운 기대로 하루하루를 살아갈 수 있었습니다. ✻

눈앞의 유혹에도 참고 견디는 능력

: 자기통제력

"이럴 수가! 오늘은 정말 별난 일만 생기네! 어제만 해도 보통
때나 다름없었는데. 하룻밤 사이에 내가 달라졌나? 응, 오늘 아
침에 일어났을 때에 뭔가 달랐던가? 기분이 좀 달랐던 것 같기
도 해. 하지만, 내가 정말로 변했다면, 다음에 할 질문은, 지금
의 나는 누구인 거지? 아, 이건 대단한 수수께끼다!"

– 루이스 캐럴,《이상한 나라의 앨리스》중에서

《이상한 나라의 앨리스》원작은 'Alice's Adventures in Wonder-
land(원더랜드에서 펼쳐진 앨리스의 모험)'입니다. 영국의 동화작가이자
수학자인 찰스 루트위지 도지슨이 1865년 '루이스 캐럴(Lewis Carrol)'
이라는 필명으로 발표한 작품입니다. 회중시계를 든 하얀 토끼를
따라 토끼굴 아래로 굴러 떨어진 앨리스가 몸이 줄어들거나 커지
기를 반복하면서 이상한 나라를 여행하는 이야기입니다. 앨리스는
생소한 곳에 도달하지만 당황하지 않고 이곳을 즐깁니다. 과자나
물약, 버섯을 먹어 몸이 작아지거나 커져도 놀라지 않습니다.

앨리스는 침착함을 잃지 않고 순간순간을 받아들입니다. 어린 소녀답게 호기심을 마음껏 펼치지만 그 와중에도 자신을 잃지 않습니다. 모험을 즐기면서도 그 모험을 자신을 알아가는 경험자원으로 키워가는 힘이 앨리스에게 느껴집니다. 과연 그 힘은 어디서 나오는 것일까요?

호기심 천국에서
앨리스는 어떻게 자신을 지켰을까?

이 책이 시대를 넘어 오랜 고전으로 자리매김할 수 있었던 이유는 판타지 세계에 대한 간접 경험이 한몫 차지합니다. 호기심 많은 아이들의 흥미를 끌고 자신이 앨리스라도 된 양 감정이입을 유발합니다. 호기심 천국인 원더랜드에서 앨리스는 이곳저곳을 누비다가 숱한 고비와 난관을 만납니다. 자신이 통제할 수 없는 급류에 휩쓸리는 것은 어쩔 수 없지만, 이 와중에도 자신이 해야 할 것과 할 수 있는 것을 수행하는 것은 중요합니다. 앨리스가 그러합니다.

앨리스는 모험을 하는 와중에도 자기 자신을 잃지 않습니다. 자기 중심을 지킬 줄 압니다. 온실 속 화초 마냥 바깥 세상에 눈을 감고 있거나 좁은 시야 안에 머물지 않습니다. 앨리스의 이런 면모가 잘 드러나는 에피소드가 있습니다. 하트 여왕이 내린 명령으로 바다에서 가짜거북을 만나 바다가재의 춤을 배우고 돌아온 앨리스는 여왕의 파이도둑으로 몰린 하트 잭에 대한 재판에 증인으로 나섭니다. 이때 앨리스는 하트 잭이 누명을 썼다는 것을 알고 있었고, 그래서 그가 누명을 썼다고 지적하면서 하트 여왕의 심기를 건드립니다. 당대 빅토리아 시대의 공기에 대한 은유로 읽을 수도 있지만, 앨리스가 어떤 사람인지 잘 보여주는 대목입니다.

원더랜드에서 호기심 충만한 앨리스가 다양한 것을 누리는 한편으로 원더랜드가 주는 향연에 자신의 영혼까지 내맡기지는 않습니다. 앨리스는 닫힌 화초의 시선이 아닌 열린 감수성으로 자기 자신으로 돌아오는 신기한 재주가 있습니다.

모험은 즐기되,
디지털 유혹에는 빠지지 않는다

디지털 세상도 마찬가지입니다. 원더랜드처럼 디지털 세상은 호기심 천국입니다. 우리는 정신과 마음, 심지어 몸까지 의존하게 만드는 콘텐츠와 미디어를 손만 까딱 움직이면 만날 수 있는 세상에 살고 있습니다.

궁금합니다. 앨리스가 이상한 디지털 나라에 떨어졌다면 어떻게 했을까요? 앨리스는 분명 원더랜드보다 더 강렬한 자극과 유혹에 직면했을 것입니다. 그는 원더랜드에서 모험했던 것처럼 자신을 잃지 않고 자기통제력(self-control)을 발휘할 수 있었을까요. 아마 앨리스라면 가능했을 겁니다. 눈앞의 유혹이나 충동을 절제하면서 제자리로 돌아오는 능력을 갖고 있기 때문입니다.

우리 아이들에게도 앨리스처럼 '이상한 디지털 나라'를 여행하는 호기심은 여전히 필요합니다. 동시에 호기심을 넘어 디지털의 향락에 빠지지 않을 수 있는 자기통제력도 필요합니다. 모험은 즐기되, 유혹에는 빠지지 않을 수 있는 능력이 그것입니다.

물론 명심해야 할 것이 있습니다. 디지털 원주민 세대는 태어날 때부터 디지털 환경에 둘러싸여 자랍니다. 기능 위주로 스마트폰을 이용하는 디지털 이주민 세대와는 다릅니다. 디지털 원주민 세대는 스마트폰과 그 안의 콘텐츠에 탑재된 다양한 기능을 무리 없이 사용합니다. 스마트폰이 다른 어떤 기기보다 직관적으로 사용할 수 있도록 디자인되어 있는 덕분입니다. 세상에 대한 기본 인식을 형성할 시기부터 디지털과 스마트폰 환경에서 자라나는 세대에게 스마트폰을 사용하지 말라는 훈계는 어쩌면 가혹하기까지 합니다. 따라서 실질적으로 중요한 것은 디지털을 사용하지 말라는 훈계보다는 적절하게 사용할 수 있는 환경을 만들어주는 것입니다. 다시 말해 호기심은 풀어놓되 유혹에는 빠지지 않는 디지털 양육 환경을 만들어주는 것이 필요합니다.

아이의 자기통제력은 해야 할 것과 하지 말 것을 구분하면서 길러집니다. 이때 양육자와 아이 사이에 갈등과 경계가 드러납니다. 양육자는 통제의 폭을 넓히고자 하지만, 아이는 통제를 덜 받고자 합니다. 아이의 성장을 위해서는 외부의 통제보다 내부의 통제가 더 큰 힘을 발휘해야 합니다.

디지털 이주민과 디지털 원주민 사이의 갈등은 불가피합니다. 세대 간 갈등은 당연하고 거쳐야 할 통과의례입니다. 과거에는 한 세대를 대략 30년으로 구분했지만 지금은 그보다 짧아졌습니다. 디지털 세대는 한 세대가 10년 단위로 나눕니다. 30대가 컴퓨터 환경에서 자랐다면 20대는 모바일 환경, 10대는 스마트폰 환경에서 자랐습니다. 돌잔치에서 돌잡이를 하면서 스마트폰을 쥐었다는 세대는 제조업 시대의 세대와 다를 수밖에 없습니다. 더 나아가 디지털을 둘러싼 세대 구분은 다시 AI 원주민-이주민 세대로 나뉘고 있을 정도니, AI 세대는 생각하고 표현하고 꿈꾸는 것이 이전과는 확연히 다릅니다.

달라진 세대이지만 변하지 않는 것이 있습니다. 어떤 디지털 기기나 환경이 주름잡더라도 인간은 기계에 종속당하지 않고 인간의 존엄과 자유를 지켜나가야 합니다. 이를 위해 자기가 어떤 사람인지 알고 살아가는 자세가 중요합니다. 자기를 잃지 않는 것, 앨리스가 우리에게 알려주는 메시지도 바로 이것입니다.

자기통제력이란 아무 행동도, 아무 선택도 하지 않는 것이 아닙니다. 자신이 어떤 상황에 놓이더라도 자신을 잃지 않겠다는 자발적이고 단호한 결심을 말합니다.

자기통제력
"호기심에는 빠져도 유혹에는 견딜 수 있어."

만 4-7세에 스마트폰은
뇌 발달에 부정적 영향을 줄 수 있다

교육심리학자 데일 슝크와 배리 짐머만은 다른 사람의 자기조절 행동을 관찰하고 따라하는 과정에서 자기통제력을 기를 수 있다고 주장했습니다. 또 인지심리학자 비고츠키는 아이는 사회와 문화의 영향을 받으며 성장하는 존재로서 '혼잣말하기(내적 언어)'가 자기 행동을 통제하는 능력의 바탕이 된다는 연구를 내놨습니다.

생후 2년이 지나면 생겨나는 자기통제는 뇌의 발달에 영향을 받습니다. 뇌의 전전두엽이나 전측 대상회(anterior cingulate)는 계획을 세우고 통제하는 기능을 맡는데, 과제에 방해가 될 만한 요소를 억제하고 정서 반응을 조절하는 등의 고차원적 행동을 담당합니다. 자기통제가 급격하게 발달하는 시기는 만 4~7세로 이때 스마트폰을 안기면 뇌 발달에 좋지 않은 영향을 줄 수 있습니다. 이후 청소년기 자기통제력은 사회적인 관계와 학업 성취에 큰 영향을 미칠 수 있습니다.

곳곳에 디지털 유혹이 넘치는 세상입니다. 무조건 참으라며 강제하고 통제한다고 해서 디지털의 유혹을 막지는 못합니다. 일시적으로 아이들을 통제할 수는 있을지 모르지만, 자극과 유혹에 끓어오르는 호기심을 멈출 수 없습니다. 문제는 그 다음입니다. 금단의 땅에 발을 담갔어도 다시 자기 위치를 깨닫고 돌아오게 하는 힘이 있어야 합니다.

이제는 아이들을 온실 속에서만 키울 수는 없습니다. '디지털이 없는' 온실은 세상 어디에도 없습니다. 태어날 때부터 스마트폰을 끼고 자란 세대에게 그런 온실은 아예 불가능합니다.

앨리스가 떨어진 원더랜드, 즉 이상한 나라는 기실 광기의 세계였습니다. 루이스 캐럴이 살았던 빅토리아 시대를 풍자한 것으로 앨리스가 이상한 나라에서 겪는 일은 바깥세상의 일상적인 논리와 질서를 파괴한 것이었습니다. 정체성은 흔들리고 도덕적 질서와 자연 질서는 와해되며, 일상적인 사고방식은 의미 없는 것으로 해체되었습니다.

앨리스는 이런 세계에서 침묵만을 지키지 않았습니다. 자신의 생각과 원하는 바를 공개적으로 외쳤습니다. 앨리스는 자신을 괴롭히는 왕과 여왕과 같은 '카드 패거리'를 "너희들은 카드 패거리에 불과할 뿐"이라고 정확하게 명명했습니다. 사물의 이름을 바로 부르는 행위는 별것 아닌 것처럼 보이지만, 무질서한 지하세계를 무너뜨리는 기폭제가 되었습니다. 이것은 앨리스가 뒤집힌 세상의 광기에 휘둘리지 않고 자신을 잃지 않으려는 용기였습니다. 앨리스 전문 연구자인 도널드 라킨은 앨리스를 "자기통제력, 인내, 용기, 그리고 성숙한 분별력의 신화적 구현"이라고 말했습니다.[86]

《이상한 나라의 앨리스》를 다시 한 번 읽어보길 권합니다. 앨리스가 모험했던 세계보다 앨리스가 어떤 행동을 했는지 더 유심히 관찰하면 좋겠습니다. 호기심이 이끈 세계에서 자신을 어떻게 지켰는지 살펴본다면, 디지털의 유혹 속에 살아가는 아이들을 위해 무엇을 해야 할지, 새로운 성찰을 얻을 수 있습니다. ✐

나 자신을 존중할 줄 아는 능력

: 자아존중감

"내가 보기에 넌 이미 용기 있는 사자야. 너에게 필요한 건 용
기가 아니라 자신감이야. 생명이 있는 것들은 무엇이든 위험에
처하면 두려워하기 마련이지. 그런 두려움을 이기고 위험에 맞
서는 것이 바로 진정한 용기란다. 그런데 넌 그런 용기를 이미
많이 가지고 있잖아."

– 프랭크 바움, 《오즈의 마법사》 중에서

요즘 절망과 무력감에 빠진 청소년을 많이 만날 수 있습니다. 입시
와 성적이 모든 것을 삼켜버린 세상에서 마음고생이 얼마나 심한
지, 어른들은 쉬이 짐작하지 못할 때가 많습니다. 게다가 어른들이
하는 위로는 서툴기 짝이 없습니다. "그냥 공부나 해" 하고 윽박지
르는 부모님도 많습니다. 이 과정에서 아이들은 상처 받기 쉽습니
다. 상처가 깊을수록 아이의 자존감도 떨어집니다. 자존감이 떨어
진 아이는 자신을 사랑하는 능력도 잃어버리기 쉽습니다.

'자존감' 하면 떠오르는 동화 속 인물이 있습니다. 바로 《오즈의 마

법사》에 나오는 소녀 도로시입니다. 원작은 'The Wonderful Wizard of OZ'입니다. 잡지 편집자, 기자, 배우, 외판원 등을 전전하면서 프랭크 바움이 아이들을 위해 쓴 작품입니다. 이 작품은 1900년 처음 나온 뒤 13편의 후속작이 만들어져 총 14편으로 완결되었습니다.

"달랑 방 한 칸이 전부인 데다 집 주변에는 온통 끝없이 이어지는 회색빛 들판뿐 나무 한 그루, 집 한 채 없는" 황량한 캔자스에 살고 있던 도로시가 강아지 토토와 함께 회오리에 휩쓸려 환상 세계에 떨어지면서 이야기가 펼쳐집니다. 집으로 돌아가기 위해 오즈의 마법사를 찾아가는 과정에서 뇌를 갖고 싶은 허수아비, 심장이 필요한 양철나무꾼, 용기를 장착하고픈 사자를 만나 여정을 함께합니다. 그런데 세 동행자는 '내가 무엇을 가졌으면 좋겠다'는 말을 입에 달고 삽니다. 자신을 있는 그대로 인정하지 못하는, 요즘 말로 자존감이 부족한 그들입니다.

소중한 것은 이미 내 안에 있다

허수아비, 양철나무꾼, 사자는 자존감이 바닥입니다. 그래서 마법사 오즈를 찾으면 당장 모든 것이 해결될 거라 철떡 같이 믿습니다. 하지만 마법사 오즈는 자신을 바꾸는 마법은 타인(외부)보다 자기 안에 있음을 알려줍니다. 세 동행자는 도로시와 함께한 모험을 통해 자신의 가치를 하나씩 발견해갑니다.

함께 걷는 여정에서 우여곡절 끝에 그들은 이미 자기 안에 있었던 지혜, 따뜻함, 용기를 만나게 됩니다. 넓은 강이 나타나자 양철나무꾼은 동행자들을 위해 다리를 만드는 '따뜻함'을 발휘합니다. 까마귀 떼가 일행을 습격하자 허수아비는 자기 안의 '지혜'를 발휘해서 새를 쫓아냅니다. 사자는 무서운 서쪽 마녀의 위협에도 꿈쩍 않고 도로시를 돕는 '용기'를 뿜어냅니다.

'나는 하자투성이'라며 자신에 대한 확신이 없었던 그들에게 어떻게 이런 변화가 가능할 수 있었을까요? 마법사 오즈는 그들이 약점에만 초점을 두고 있었기에 자신이 이미 갖고 있던 장점을 보지 못했다고 판단했습니다. 그래서 그들 각자에게 필요한 것[87]을 주면서 암시를 넣어주자, 이런 놀라운 일이 벌어졌습니다. 바로 '플라시보 효과'[88] 입니다. 오즈는 실상 마법사가 아닌 사기꾼이었지만 이들에게 필요한 것이 뇌나 심장, 용기가 아니라 '자존감(self-esteem)'이라는 것을 꿰뚫어 보았던 것입니다. 어쩌면 진짜 필요한 것을 찾아주었으니 사기꾼이 아닌 마법사라고 불러야겠습니다.

사실 허수아비가 뇌를 원하고, 사자가 용기를 갖고 싶고, 양철나무꾼이 심장을 갈구하는 것은 자신을 제대로 들여다보지 않았기 때문입니다. 늙은 까마귀의 실없는 소리에 귀가 펄럭이고(허수아비), 남과 비교하고 완벽을 추구하느라 자신감을 잃고(사자), 심장만 있으면 행복할 수 있다는 환상(양철나무꾼)에 빠져 있었습니다. 자기 안의 숨은 보석은 보지 못한 채 자기 밖의 환상만을 부러워했던 것입니다.

이들과 비슷한 모습을 우리 주변에서도 종종 보게 됩니다. 자신의 있는 모습을 그대로 인정하지 않는 사람들. 이런 자존감이 낮은 사람들은 남과 자신에게 부정적입니다. 남에게 거부당할 것을 두려워하고 자신이 가진 능력을 과소평가합니다. 또 SNS에 빠져서 '좋아요' 숫자에 예민하게 반응하면서 상처를 받기도 합니다. "인정받으려는 욕구를 충족시키기 위해 페이스북에 의존함으로써 스스로 생각을 덜할 뿐 아니라, 남들이 자신을 주목하고 자신과 상호작용하기를 절실히 갈망하게"[89] 됩니다. 그 결과, 과장되거나 전혀 다른 정체성이 발달하는 방향으로 자극을 받습니다.

SNS를 통해 일상을 시시콜콜 드러내는 사람은 타인의 반응에 신경을 많이 씁니다. SNS에 올린 자신의 사진과 글에 무의식적인 내면이 투사되기 때문입니다. 이들에게 '좋아요' 숫자나 반응은 무의식적으로 자존감의 척도가 됩니다.[90] 남이 자신의 글이나 사진에 관심을 보이지 않으면 불안해하거나 남을 원망하기도 합니다. 이처럼 SNS는 낮은 자존감을 표출하는 통로가 될 수 있습니다. 이런 모습은 어른, 아이 모두에게서 나타납니다.

"너는 세상에서 가장 소중한 존재야"

《오즈의 마법사》에서 도로시는 오즈에게 뇌를 얻어 다른 사람과 똑같아질 거라고 말하는 허수아비에게 이렇게 한마디를 던집니다.

자아존중감
"나는 세상에서 가장 소중한 존재야."

"난 언제나 그 모습 그대로의 네가 좋았는데."

있는 그대로 내 안에 있는 나를 수용하고 받아들이며 사랑하라는 도로시의 말. 굳이 애써 나 아닌 다른 존재가 되려고 애쓰지 않아도 된다는 그 말을 허수아비가 진심으로 이해했을까요. 아이를 있는 그대로 인정하고 사랑해주는 누군가가 있다면, 그 아이는 디지털 세상에서 굳이 자신을 돋보이려고 애쓰지 않을지 모릅니다.

자존감은 디지털 세상에 찾을 수 없다

자존감은 스마트폰에 있지 않습니다. 낮아진 자존감을 회복하거나 회복을 돕고 싶다면 첫 단추는 '괜찮아'라는 위로입니다.

'있는 그대로의 내(네)가 좋아.' '난(넌) 지금도 충분히 가치 있는 존재야.' '내(네)가 있어서 다행이야.'

도로시는 뇌가 없어도 충분히 허수아비가 지혜롭고 좋은 존재라고 말해주었습니다. 그렇습니다. 우리는 존재 자체로 충분히 가치 있는 존재라고 말해주어야 합니다. 다른 사람이 해주지 않는다면 내가 나에게 말해주어야 합니다. 세상이 나에게 무관심해도 내가 나를 아끼고 토닥여주어야 합니다. 특히 아이들에게는 그런 존중의 말이 더욱 필요합니다.

그 다음은 작고 사소한 것부터 '할 수 있다'는 자신감을 심어주어야 합니다. 자존감이 자꾸 낮아지다 보면 무력감이 느껴지게 됩니다. 그러니 작은 것이라도 목표를 만들고, 구체적인 보상을 얻을 수 있는 일부터 시작하면 좋습니다. 허수아비, 양철나무꾼, 사자는 함께 걸으면서 자신이 쉽게 할 수 있는 것부터 시도했고, 그래서 보상을 얻었습니다.

자존감이 낮은 아이들이 자주 하는 말이 있습니다.

"누구도 나를 좋아하는 사람이 없어." "내가 잘하는 게 하나도 없어." "엄마, 아빠는 나한테 관심이 일도 없어."

진짜 그럴까요? 그렇지는 않을 겁니다. 표현이 부족한 사랑, 과도한 사랑이 있을지는 모르겠습니다. 아이는 자신이 원하는 만큼의 관심과 사랑을 기다립니다. 그만큼의 사랑을 받고 자란 아이는 자기를 아끼고 사랑할 줄 압니다. 스스로를 존중할 줄 알았던 도로시처럼 말입니다. ✎

게임보다 스마트폰보다 더 재미있어요!

아이들의 정서건강을 높여주는 대안활동

게임보다 스마트폰보다 더 신나고 재미있는 것이 있다면 아이들은 잔소리 하지 않아도 디지털과 멀어질 것입니다. 무조건 스마트폰 하지 말라고 하지 않고 더 유익하고 즐거운 경험을 만들어주면 어떨까요? 아이들의 정서건강을 높여주는 대안활동을 다음과 같이 제안합니다.

친구 만나기

어린 시절 단짝친구만큼 소중한 관계가 있을까요? 성인이 되어 만나도 편하게 만날 수 있는 친구는 돈으로도 살 수 없을 만큼 소중합니다. 청소년기만큼 친구관계가 중요한 시기도 없습니다. 십대 사춘기에 이르면 정서적으로도 신체적으로도 변화가 시작됩니다. 특히 뇌하수체의 영향으로 신경전달물질의 불안정한 분비가 일어나 이전보다 더 불안정한 정서를 보이기도 합니다. 이런 질풍노도의 시기에 비슷한 취미와 관심을 가진 친구와의 만남은 아이들의 정서적 안정감과 공감력을 향상시키고, 앞으로 성인으로 성장하는 데도 큰 도움이 됩니다. 공부 외에 독서, 운동, 그림 그리기, 식물 채집 등 아이의 성향에 맞는 동아리활동을 통해 친구관계를 만들어가는 것도 좋은 경험입니다.

몸과 만나기

"운동할 시간이 어디 있어, 공부해야지." 생각한다면 오산입니다. 운동은 아이들의 몸만 튼튼하게 하는 게 아니라 뇌도 튼튼하게 해줍니다. 운동은 혈액을 산소로 채워주고 순환을 자극하여 뇌 건강에 큰 도움이 됩니다. 특히 운동은 아이의 학습과 기억을 높여주는 데도 큰 역할을 합니다. 기억과 학습을 관장하는 해마가 운동으로 더 건강해지기 때문입니다. 이 외에도 신경화학물질인 도파민, 세로토닌 등 생성을 증가시켜서 긍정적인 기분전환을 유도합니다. 이처럼 청소년기의 신체활동은 몸과 마음을 건강하게 해주는 조력자라고 할 수 있습니다.

식물 만나기

바라보고, 만지고, 귀 기울이고……. 디지털에 잃어버린 감각을 되살리기 위한 다양한 대안활동이 많습니다. 동대문구 전일중학교의 '마음풀 식물교실'도 그 중 하나입니다. 이 시간을 통해 아이들은 디지털에서 경험할 수 없는 자연의 오감을 직접 느껴볼 수 있습니다. 마음풀 식물교실에서 식물의 모종을 관찰한 아이들의 반응은 다양합니다. "이거 토마토다!" "이 해바라기는 특이해요." 이렇게 떠드는 학생들 가운데 스마트폰을 들여다보는 이는 아무도 없습니다.

디지털 과잉의 환경에서 벗어나 녹색을 더 가까이 만날 수 있는 공간이 많아져야 합니다. 아이들이 정서적 안정감과 감각의 다양성을 경험할 수 있도록 집 한켠에 식물공간을 만들어주는 것도 스마트폰 디톡스의 한 방법입니다.

책과 만나기

스마트폰 사용이 일반화되면서 아이들이 글보다 음성, 영상 등 디지털 모니터를 보는 것에 익숙해져 있습니다. 그러다보니 글을 읽어도 맥락을 이해하지 못하는 아이들이 많아지고 있습니다. 특히 스마트폰과 디지털 기기를 통해 유입되는 방대한 양의 정보는 하나하나 살피기보다는 훑어 읽을 수밖에 없고, 이것이 뇌의 특정한 기능을 저하시키고 독해력을 떨어뜨릴 수 있습니다. 아이들이 다시 책과 가까워질 수 있는 다양한 활동이 필요합니다. 강원도 홍천여고는 함께 책 읽기로 유명합니다. 한 학교에 독서모임이 무려 83개, 전교생 590명 중 340명이 모임에 참여하고 있다고 합니다. 스마트폰에 빠져 있던 학생들도 독서모임에 가입해 친구들과 책을 읽고 이야기를 나누면서 자연스럽게 책벌레가 되었다고 합니다. 아이들이 책과 만날 수 있도록 가정과 학교의 관심과 지원이 필요합니다.

05

행복한 가정, 즐거운 학교, 건강한 사회

: 중독사회에서 균형사회를 향하여

"아이가 야외에서 노는 시간이 줄어들수록, 어른이 되어 직면하게 될 위험과 도전 과제에 대처하는 법을 배울 기회도 줄어든다. (…) 야외에서 새로운 것을 시도할 때 떠오르는 자유롭고 독립된 생각을 통해 아이가 얻는 것은 그 무엇으로도 대신할 수 없다."

– 심리학자, 타니아 바이런

이제는 균형과 조화를 생각해야 할 때

"주의력 집중, 성격형성, 자기절제, 기술교육, 도덕적 열정, 사회적 양심, 모두 매우 조심스럽게 다루어야 할 과제이다. (…) 만일 그러지 못한다면 바다에서 최후를 맞는 강물 속의 물방울처럼 방향을 잃게 될 것이다."
-《호세 마리아 신부의 생각》 중에서

피뢰침. 피할 피(避), 우레 뢰(雷), 바늘 침(針). 누구나 아는 이 발명품은 우레를 피하기 위해 만든 바늘 모양의 장치입니다. 벼락은 지상의 뾰족한 부분에 떨어지기 쉽습니다. 이 때문에 생길 수 있는 화재, 파손, 인명 피해 등을 방지하기 위해 피뢰침을 설치합니다. 참고로 번개와 벼락은 쌍둥이입니다. 다만 어디에 위치하는가에 따라 달리 부릅니다. 번개는 지상이 아닌 하늘에서 치는 것을, 벼락은 번개가 땅에 떨어지거나 지상의 무언가에 맞는 것을 말합니다. 이 벼락을 막는 피뢰침은 미국 건국의 아버지로 불리는 벤자민 프랭클린이 1752년에 만들었습니다.

이 벼락 방지장치가 '벼락처럼' 전파되는 데는 꽤나 오랜 시간이 걸렸습니다. 당시만 해도 다른 지역에서 그것을 아는 데 상당한 시간이 걸렸기에, 벼락에 대한 대응준비는 미비할 수밖에 없었습니다. 그러던 1769년 8월 18일, 이탈리아 롬바르디아 주에 위치한 브레시아에 번개가 쳤습니다. 당시는 교회가 가장 안전하다며 도시의 모든 화약을 교회 안에 저장하던 시절이었습니다. 지금 생각하면 어이없지만, 하나님이 지켜줄 것이라는 맹목적인 믿음 하나에 의지해 세인트 나자로 교회는 무려 90톤의 화약을 보관하고 있었습니다. 벼락 때문에 화약을 한 곳에만 보관하면 위험하다는 소수 의견이 있었지만 묵살 당했습니다. 독실한 신자들은 교회에 벼락이 떨어질 수 있다는 얘기를 신성모독이라며 버럭 화를 냈습니다. 그러니 피뢰침을 달리도 만무했습니다.

하지만 이 맹목적인 믿음이 참사를 일으켰습니다. 교회 첨탑에 벼락이 떨어졌던 것입니다. 90톤의 화약이 벼락과 만나 어마어마한 대폭발이 일어났습니다. 도시의 6분의 1이 파괴되고, 3천여 명이 목숨을 잃었습니다. 피뢰침만 있었다면 대형 참사를 막을 수가 있었을 텐데 말입니다. 천재(天災)가 아닌 인재(人災)였습니다.

18세기 발명된 피뢰침이 유럽 곳곳의 건물과 교회 등에 서기까지 오랜 시간이 걸렸습니다. 대형 참사를 겪고서도 피뢰침을 세우는 데 가장 반대한 세력은 기독교 성직자였습니다. 한 신학자는 이렇게 말했습니다.

"모든 번개와 벼락은 신의 안배다. 벼락은 창조주의 손에 있는 화살일 뿐이다. 벼락은 신이 원하는 곳에 정확히 떨어진다."[91]

프랭클린은 이 어마어마한 발명품에 특허를 내고 엄청나게 큰돈을 벌 수 있었지만 그렇게 하지 않았습니다. 그에게 피뢰침은 공공재이자 사회적 자산이라는 신념이 있었습니다. 피뢰침을 통해 사람들이 위험을 피하고 안전을 보장받는 것이 돈벌이보다 더 중하다고 생각했습니다. 이런 그의 신념 덕분에 마음 놓고 피뢰침을 설치할 수 있었습니다. 그리고 오늘날, 피뢰침은 공공재로 당당히 벼락에 맞서고 있습니다.

열광하거나 거부하거나
새로운 기술에 대한 두 가지 태도

피뢰침이 뭐라고 스마트폰을 이야기하다가 이렇게 꺼냈을까요. 스마트폰 역시 두말할 나위 없이 어디나 꼭 필요한 피뢰침입니다. 아무리 좋은 기술도 한 사회에 스며들기까지 시간이 걸리고 의견이 갈리게 마련입니다.

이탈리아 기호학자이자 작가인 움베르토 에코는 새로운 기술이든 발명품이든 두 가지 상반된 반응을 일으킨다고 말했습니다. 새로움이 한 사회에 도입되기까지 설왕설래는 불가피하다는 의미입니다.

새로운 기술이 나올 때 반응은 대략 이렇게 세 가지로 나뉩니다. 열광하거나 거부하거나. 혹은 지나치게 확대해석하여 과도하게 숭배하거나. 피뢰침이 나왔을 때도 그러했습니다. 과도한 숭배자는 이런 경우입니다. 피뢰침이 모든 자연재해를 예방할 수 있다고 생각한 무리가 있었습니다. 그들은 낙뢰와 무관한 재해였음에도 피뢰침이 없어서 재해가 발생했다고 주장했습니다.

스마트폰도 마찬가지입니다. 스마트폰이 더 좋은 세상을 만들 것이라는 열광이 있는 반면, 스마트폰의 해악을 주장하면서 온몸으로 거부하는 무리도 있습니다. 과도한 이들은 스마트폰을 혁명에 비유하면서 세상을 통째로 바꿔버릴 거라고 주장합니다.

새로운 기술이 등장하면서 호기심과 두려움이 동시에 일어나는 것은 당연합니다. 그런데 이런 양가적인 감정보다 더 중요한 것이 있습니다. 스마트폰을 비롯한 디지털 기기는 이미 우리 앞에 닥친 '쓰나미'라는 것입니다. 피할 방법도 물러설 곳도 보이지 않는 쓰나미. 우리는 이 쓰나미 앞에서 어떻게 해야 할까요? 이 강력한 태풍 앞에서 어떻게 나(우리)를 지킬 수 있을까요?

"기기를 완전히 피하기는 불가능합니다. 우리 목표는 환자가 갑자기 기기 사용을 완전히 끊도록 하는 것이 아닙니다. 우리는 사람들에게 문제 해결방식을 가르칩니다."

임상심리학자이자 리스타트센터[92] 공동 창립자인 힐러리 캐시의 이 말처럼 지금 우리는 스마트폰 없이 살 수는 없습니다. 세속과 떨어진 곳에 은둔한 자연인이 아니라면 말입니다. 더구나 우리는 신이 아닌 인간입니다. 손만 뻗으면 닿을 곳에 강력한 유혹이 있는데, 그 유혹을 완벽하게 뿌리칠 수는 없습니다. 강제를 통해 단절하고 회피하게 만드는 방식은 짧고 일시적입니다.

아이와 어른, 모두에게 균형의 지혜가 필요하다

처음부터 스마트폰은 삶을 좀 더 편리하고 즐겁게 만들기 위해 만들어졌습니다. 삶의 보조 수단이었던 것이 어느 순간, 삶에서 중요한 몫을 차지했습니다. 어떤 사람은 모든 것을 스마트폰에 의존하다시피 하는 지경에 이르렀습니다. 과의존 혹은 중독이라고 부르는 상태입니다. 그런 사람은 스마트폰이 없으면 불안하고 두렵습니다. 건강한 삶이란 어느 한쪽에 쏠리지 않고 균형을 유지하는 상태입니다. 만약 스마트폰에 과의존 상태라면 삶의 균형이 이미 깨진 상태입니다.

스마트폰 중독을 비롯해서 모든 중독은 일상의 균형을 깨뜨립니다. 정서에도 빨간불이 켜지기 시작합니다. 자신의 솔직한 느낌이나 정서와 단절된 채 이분법적 사고를 하거나 부정적인 감정에 자주 빠집니다. 이처럼 중독이 치명적인 이유는 나를 잃어버리는 데 있습니다. 어떤 중독도 단독으로 자연 발생하지 않습니다. 중독이 기생하는 숙주가 있습니다. 가정, 학교, 기업, 사회, 주변 환경 등 스마트폰에 빠질 수밖에 없는 토양이 있습니다. 아이들이 스마트폰만 붙잡고 있다고 야단칠 일이 아닙니다. 그 마음을 들여다보는 노력이 필요합니다. 스마트폰 사용을 그만하라고 다그치기만 할 문제가 아닙니다. 지금 우리 사회는 다종다양한 중독에 노출되어 있습니다. 일중독, 돈중독, 성장중독, 소비중독, 성형중독, 편리중독, 입시중독, 관심중독, 유행중독, 속도중독 등 점점 더 많은 중독이 우리를 옥죄고 있습니다. 그에 반발해 새로운 환경과 사회를 만들려는 움직임도 있습니다.

중독사회에서 절실하게 요구되는 것은 '균형과 조화'입니다. 스마트폰을 사용하지 않을 수 없는 환경에서 스마트폰과 단절하고 이별하라고 말할 수는 없습니다. 이제는 음식을 주문하고 옷을 사거나 집을 구할 때도 스마트폰을 활용합니다. 의식주 전반은 물론 일상에서 행하는 많은 활동에 스마트폰이 파고들어 있습니다.

스마트폰 사용에도 균형의 지혜가 필요합니다. 온라인과 오프라인 사이의 균형, 공부와 놀이 사이의 균형 등 일상에 조화와 균형이 왜 필요한지 아이에게도 알려줘야 합니다. 물론 이런 균형의 지혜를 단박에 배울 수는 없습니다. 이를 가정에서만 가르칠 수도 없습니다. 가정과 학교, 사회가 함께 실천해야 합니다. ✤

공부와 놀이 사이,
온라인과 오프라인 사이,
'균형과 조화'가 중요하다!

건강한 아이의 시작은
가족의 관심과 사랑이다 : 가정

"이 아이들이 안고 있는 가장 큰 문제는 외로움입니다, 외로움.
자녀들이 외로워한다는 사실을 알고 있었나요?"

– 다큐 영화, 〈인터넷 중독자 수용소〉 중에서

매년 열리는 EBS 국제다큐영화제(EBS International Documentary Festi-
val, 약칭 EIDF)에서 2014년 상영된 〈인터넷 중독자 수용소(Web Junkie)〉
라는 작품이 있습니다. 힐라 메달리아와 쇼시 슐람이 만든 이 다큐
는 베이징 근교 따싱에 위치한 인터넷 중독자 치료 시설을 다루면
서 의사, 환자, 부모를 인터뷰합니다.

중국은 세계에서 처음 인터넷 중독을 임상 장애(병리적 질환)로 선포
하고 10대에게 '가장 위험한 공중 보건 문제'로 지정했습니다. 중국
정부는 이 질환 치료를 위해 400개 이상 인터넷 중독자 치료 캠프

를 세웠고 따싱도 그 중 하나였습니다. 이 치료 시설을 총괄하는 타오란 교수(정신과 의사)는 이렇게 말합니다.

"이 아이들이 안고 있는 가장 큰 문제는 외로움입니다, 외로움. 자녀들이 외로워한다는 사실을 알고 있었나요?"

한 양육자의 답변 뒤에 그는 다시 덧붙입니다.

"자녀들이 어디서 친구를 사귀겠습니까? 인터넷입니다. 가상 세계에는 온갖 화려한 소리와 시각 효과가 난무합니다. 그 어디에서도 볼 수 없는 가상의 자극이죠. 그게 자녀들의 가장 친한 친구가 되는 겁니다."[93]

인터넷 중독을 중국 10대 사이에 존재하는 문화적 문제라고 지적한 그는 게임을 '전자 헤로인'이라고 표현합니다. 특히 이는 사회 구조적인 문제라고 지적하면서 모든 사회에 책임이 있다고 강조합니다. 가짜 현실을 진짜 현실보다 선호하고, 실제 세계는 가상 세계만큼 멋지지 않다고 생각하는 아이들을 무작정 탓할 수 없습니다. 그만큼 더 좋은 진짜 현실과 실제 세계를 보여주지 못한 어른들이 먼저 잘못했습니다.

외롭고 공부에 지친 아이들이 현실 세계에서 벗어나려는 건 합리적인 반응입니다. 병이나 질환에 걸려서도 아닙니다. 발붙인 현실 세계보다 가상 세계가 훨씬 낫기 때문입니다. 더구나 양육자가 스마트폰을 끼고 살다시피 하면서 아이에게 스마트폰 사용을 제한한다면 이율배반적입니다. 양육자 스스로 스마트폰을 절제하고 있다는 것을 보여주어야 합니다. 어른이 스마트폰에 빠져 있다면 아이는 그런 양육자를 보고 어떤 느낌을 가질지 생각해보아야 합니다.

부모는 아이보다 스마트폰을 덜 사용할까?

스마트폰에 얼굴을 파묻고 있는 아이에게 많은 양육자들이 이렇게 말합니다.

"스마트폰 좀 그만해라."

아이에겐 그저 흘려들어도 좋은 잔소리일 뿐, 아이는 잠시 스마트폰을 멈추지만 오래 가지 않습니다. 다시 잔소리와 공방이 오가다가 서로 감정만 상합니다. 아무도 이기지 못하고 모두가 지는 게임입니다. 심지어 카카오톡 메시지로 스마트폰을 그만하라고 말하는 양육자도 있습니다.

'거울 뉴런(mirror neuron)' [94] 이라는 말이 있습니다. 뇌 여러 곳에 분포한 거울 뉴런은 관찰이나 간접 경험만으로도 내가 직접 하는 것처럼 반응합니다. 거울 뉴런은 타인의 의도가 반영된 행동에 주로 반응합니다. 타인의 의도를 전혀 파악하지 않으면 자폐증입니다. 자폐 환자는 거울 뉴런이 거의 활동하지 않습니다.

아이는 주로 모방, 즉 '따라 하기'를 통해 배우고 익힙니다. 거울 뉴런이 그 역할을 합니다. 언어를 익히고 인간 활동을 배웁니다. 무언가를 따라 하려고 타인의 말이나 행동을 유심히 관찰할 때, 거울 뉴런이 열심히 움직입니다.

양육자가 평소 아이 앞에서 보이는 행동이나 말투가 그대로 전이 되는 것이 이런 이유에서입니다. 양육자가 평소에 쓰는 억양이나 말투를 아이가 그대로 쓰는 것은 거울 뉴런의 활동 때문입니다. 이처럼 양육자의 생활습관은 아이에게 직결됩니다. 아이에게 스마트폰 사용을 제한해 놓은 양육자가 주야장천 스마트폰을 끼고 산다면, 아이가 들을 리 만무합니다. 아이는 양육자를 보고 배운다는 것을 잊지 않아야 합니다.

스티브 잡스는 집 안에서 스마트폰을 사용하지 않았습니다. 자녀들의 스마트폰 사용도 엄격하게 제한했습니다. 대신에 그는 아이들과 함께 책을 읽었습니다. 양육자가 스스로 책 읽는 모습을 보여주면 아이도 자연스레 나도 책을 읽어야 하는가 보다, 하면서 책을 읽습니다. 아이가 어른의 거울이 되는 이유입니다.

성찰이 우선입니다. 내 모습을 먼저 돌아보고 아이를 봐야 합니다. 아이는 미래의 어른입니다. 앞으로 어른이 될 아이입니다. 아이가 어른에게 맞춰야 하는 것이 아닙니다. 어른이 아이의 눈높이에 맞춰 어떻게 대화해야 할지 고민이 따라야 합니다. 그 고민의 결과를 행동에 옮기는 것이 어른의 자세입니다. 그렇게 고민하고 행동하면 아이도 변합니다. 거울 뉴런이 작동하면서 스마트폰을 멀리하는 대신 책을 읽는 양육자를 따라 합니다. 이 과정에서 관계도 새로운 전기를 맞이합니다. 스마트폰 그만하라고 소리치고 감정을 상할 필요도 없습니다.

이때 조심해야 할 것이 있습니다. 따라해야 할 대상이 바쁘다는 핑계로 무심하고 시큰둥하면 아이도 따라 할 이유를 찾지 못합니다. 무심하게 툭툭 던지는 잔소리를 되풀이하는 패턴은 절대 피해야 합니다. 아이의 허물을 지적하기 전에 양육자 스스로 먼저 문제가 있는 것은 아닌지 돌아봐야 합니다. 아이의 변화는 잔소리가 아닌 부모의 언행일치에서 나옵니다.

가족 간 친밀도가 높을수록
스마트폰 사용 빈도는 줄어들 수 있다

식당이나 카페, 혹은 공원이나 놀이터 등 어디서든 아이 눈앞에는 스크린이 펼쳐집니다. 아이는 스크린 속으로 들어가 가족과 분리된 세계에 홀로 빠져듭니다. 어디서나 쉽게 볼 수 있는 풍경입니다. 동영상이나 게임 등은 말하자면 화수분입니다.

양육자는 일부러 수고를 들이지 않을 수 있다는 생각에 스마트폰을 아이 앞에 내밉니다. 물론 당장은 편할 수 있습니다. 하지만 나중에 큰 후회와 낭패가 닥칠 수 있습니다. 어려서부터 디지털 기기에 과도하게 노출되면 위험한 버릇이나 습관을 가질 수 있기 때문입니다. 특히 아이가 두 살 이전부터 스마트폰에 자주 노출되면 스크린을 보여주지 않을 때, 울음을 터뜨리거나 스마트폰을 뺏기지 않으려고 애를 쓰기도 합니다. 양육자보다 스마트폰에 더 의존하게 되고, 함께 놀 친구가 있어도 스마트폰을 붙들고 있으려고 합니다. 한마디로 관계에 취약한 사람으로 자랄 가능성이 있습니다. 한편 가족 간 친밀도와 디지털 기기의 사용 빈도가 서로 관련 있다는 견해도 있습니다. 예를 들어 가족 간 친밀도가 높은 경우, 아이의 스마트폰 사용 빈도는 줄어들 수 있습니다. 가족 관계가 제대로 작동한다면 가족 구성원들은 아이가 스마트폰이나 게임의 유혹에 빠지지 않고 다른 활동으로 향하도록 노력하기 때문입니다. 반대로 가족 간 대화나 스킨십이 적은 집도 있습니다. 이런 집에서 아이에게 스마트폰은 유일한 해방구입니다. 불이 꺼진 집 안에서 아이에게 스마트폰이 유일한 가족일 수 있습니다. 이런 경우 가족 간 낮은 친밀도가 아이를 더 스마트폰에 의존하게 만들지 않았는지를 살펴보아야 합니다.

물론 경계해야 할 점도 있습니다. 가족 관계가 너무 친밀하거나 응집성이 너무 높은 것도 좋지 않습니다. 가족 관계에도 유연성이 있어야 합니다. 즉 '따로 또 같이'가 중요합니다. '무조건 같이'가 아니라 건강한 거리를 유지하는 것이 중요합니다. 여기서도 균형과 조화가 필요합니다.

애덤 알터는 《멈추지 못하는 사람들》에서 "환경을 지혜롭게 설계하면 해로운 행위에 중독되는 상황을 벗어날 확률이 높아진다"라고 말했습니다. 환경을 바꾸는 것만으로도 나쁜 행위를 덜 하게, 바람직한 행위를 더 하게 만들 수 있습니다. 따라서 문제는 균형이자 조화입니다.

아이는 관심과 사랑을 먹고 자란다.

디지털 과의존이 해로운 이유는 다른 중요한 일을 할 수 없게 만들기 때문입니다. 균형 감각을 회복할 수 있도록 해야 합니다. 중독은 빠지기 전에 예방하는 것이 훨씬 쉽고 좋은 방법입니다.

삶의 변화는 어릴 때부터 몸에 익혀야 합니다. 아이들은 아직 디지털 기기나 매체를 다룰 능력이 부족한 반면 중독될 가능성은 높습니다. 뇌는 계속 발달하고 있지만 주어진 자극에 충실히 반응하도록 여전히 부드러운 상태입니다. 이것이 재미와 맞물려 더욱 빠져들 수밖에 없습니다. 그렇다면 아이들 손에 무엇을 들려주어야 하는지 고민해야 합니다.

양육자가 그 손에 쥐어준 것이 무엇인지에 따라 아이가 어른이 되었을 때 손에 쥔 것이 달라집니다. 아이가 잘 자라기를 바란다면 아이의 마음을 듣는 데 인색하지 않아야 합니다. 그것이 아이에 대한 진짜 관심이자 사랑입니다. 과거에 양육자는 무엇을 먹고, 언제 잠자리에 들고, 다른 사람과 어떻게 관계를 맺어야 하는지를 알려주었습니다. 이제는 여기에 또 하나가 늘었습니다. 일상의 필수품이 된 스마트폰을 어떻게 사용해야 하는지 알려주고, 양육자가 그 모범을 보여주어야 합니다.

아이는 저절로 자라지 않습니다. 양육자의 진심 어린 관심과 사랑 속에서 아이는 건강하게 자랄 수 있습니다. ✎

화면 경험에서
직접 경험 중심으로 : 학교

'또 다른 세상과 만날 땐 잠시 꺼두셔도 좋습니다.'
– 휴대폰 광고(CF) 중에서

스마트폰은 사실 양날의 검입니다. 우리는 스마트폰을 통해 남과 친밀하게 소통하고 다양한 정보도 공유합니다. 그러나 식사 도중 울리는 스마트폰 알림은 산통을 깹니다. 이런 경우도 있습니다. 부부가 잠들기 전, SNS에 빠진 배우자를 옆에서 본다면 기분이 어떨까요. 퓨 리서치 센터 통계에 의하면 '연인이 자신과 함께 있을 때 스마트폰 때문에 집중을 하지 못한다'고 답한 응답이 25%에 달했습니다. 8%는 '연인이 스마트폰에 집중하고 있어서 다툰 적이 있다'고 답했습니다.

연결을 기치로 태어난 SNS는 연결 이상의 작동을 하고 있습니다. 연결보다 다른 사람이 나를 어떻게 생각할지 먼저 생각하고, 다른 사람에게 보이는 나를 우선에 놓습니다. 나에게 집중하지 않고 남을 먼저 생각합니다. 이것은 배려와 다른 문제입니다. 연인과 헤어질 때도 이제는 과거처럼 대면하는 '예의'가 없어졌습니다. 문자나 SNS 메시지로 이별을 통보합니다.

스크린이 보여주는 세상이 전부는 아닙니다. 때로는 직접 만나고 경험할 때, 학습 효과는 커지고 세상을 바라보는 관점도 깊어질 수 있습니다. 그렇다고 스크린을 완전히 배제하자는 것은 아닙니다. 다만 건강하게 이용하는 것이 중요합니다. 앞선 광고 카피처럼 다른 세상과 만날 때는 스마트폰을 잠시 끄는 것도 한 방법입니다.

또 다른 방법도 있습니다. 스마트폰에서 간접 경험하는 것과 실제 세상에서 직접 경험하는 것을 연관 지을 때, 학습 효과는 더욱 커집니다. 이것을 '학습 전이(transfer of learning)'라고 합니다. 학교에서 스마트(폰) 교육을 할 때 활용하는 방법입니다. 학습한 내용을 간직하고 있다가 이를 실행에 옮기거나 다른 맥락에서 활용할 때, 먼저 학습이 추후 학습에 영향을 미친다는 개념입니다. 즉 앞에 했던 학습이 뒤에 나올 학습을 촉진하도록 작용하는 경우를 뜻합니다.

학습 전이 효과를 높이기 위해서라도 아이들이 가상 세계와 현실 세계를 분리하지 않도록 해야 합니다. 예를 들어 아이들이 스크린에서 뭔가를 배웠다면 이것을 현실에서 분리되지 않고 일반화하도록 연결해주는 과정이 필요합니다. 이처럼 자연스럽게 학습 전이가 이뤄지도록 하는 것도 스마트 교육의 하나입니다.

다시, 몸으로!
몸을 쓸수록 아이는 성장한다

미국의 교사 출신이자 교육 운동가인 존 테일러 개토는 어른들이 아이들을 '안'에 가둔 탓에 '몸'을 잃어버렸다고 개탄합니다. 이렇게 안에 갇혀 사는 아이들은 자기 몸을 사용할 기회가 점점 줄어듭니다. 하지만 용불용설처럼 몸도 쓰지 않으면 점점 퇴화합니다. 아이들이 이처럼 몸을 쓰지 않게 된 이유는 무엇일까요? 몸의 기능조차 스마트폰이 대신하고 있기 때문입니다. 스마트폰은 몸의 감각을 떨어뜨립니다. 일부러 운동을 하는 것도 건강과 함께 몸의 감각을 유지하기 위한 움직임입니다. 그러나 스마트폰이 아이들의 일상을 잠식하면서 몸보다는 머리(뇌)를 쓰는 시간이 많아졌습니다.

지금부터라도 아이들에게 몸의 즐거움을 찾아주어야 합니다. 몸의 즐거움에 참여하는 것은 실체가 없는 스크린을 보는 것과는 차원이 다른 경험입니다. 몸을 활용하는 감각적 경험은 화면 경험보다 더 깊이 각인되고 오래 갑니다. 그런 면에서 스마트폰과 같은 디지털 기기보다 놀이터가 아이에겐 더 좋은 성장기제입니다.

"위험이 아이를 키운다"라는 말이 있습니다. 놀이운동가이자 놀이터

청소년 디지털 디톡스,
책 읽기와 몸 쓰기부터 시작하면 어떨까?

디자이너 편해문 씨는 위험은 아이들 성장에 중요한 요소라며 이렇게 말합니다. "아이로부터 위험을 숨겨 위험과 만날 수 없게 하는 것이 가장 큰 위험이라고 생각한다. 이런 것이 두려워 아이들로부터 놀이를 빼앗으면 아이는 한없이 무기력해질 것이다."[95]

아이들은 다치면서 자신의 한계를 깨닫습니다. 그렇다고 일부러 다치게 하거나 위험에 빠뜨리자는 것은 아닙니다. 안전과 함께 위험이 무엇인지 알고 스스로 그 위험을 피하거나 넘을 수 있을 때 아이는 조금씩 성장합니다.

원래 아이들은 밖에서 뛰어놀고 위험을 감수하는 것이 본능입니다. 몸 안에서 과할 정도로 발생하는 에너지를 발산해야 하기 때문입니다. 그런데 그런 본능을 스마트폰이라는 자극에만 묶어두었는지도 모릅니다. 밖에서 다른 아이와 함께 놀이에 빠지는 대신 집 안에서 혼자 스크린에 빠져 있는 아이. 그것은 아이의 몸과 정서 모두에 좋지 않습니다. 제대로 발산하지 못한 에너지가 비만, 우울, 불안, 무기력 등으로 왜곡되어 전환되기도 합니다. 이에 대해 편해문 씨는 아이들이 하고 싶은 것을 하지 못한 것이 쌓인 데다 만나야 할 위험을 미리 제거했기 때문이라고 말합니다.

아이들에게 스마트폰보다 더 신나고 재미있는 놀이터를 만들어주어야 합니다. '놀이터는 왜 하나같이 똑같을까?' 이런 의문을 가진 건축가를 포함한 사람이 늘어나고 있습니다. 미끄럼틀, 시소, 그네 등 비슷한 모양의 아파트에서 자란 아이들이 비슷한 모양의 놀이터에서만 놀고 있습니다. 물론 놀이의 목적성이 하나밖에 없는 장소에서도 아이들은 재미있게 놀 수 있습니다. 그러나 다양한 체험과 놀이를 하면서 뭔가를 만들어낼 수 있는 놀이터라면, 더 많은 것이 달라집니다. 어른들이 만들어놓은 정형화된 공간에서 벗어나, 자신의 몸이 마음껏 놀 수 있는 공간에서 아이들은 건강하게 자랄 수 있습니다.

다시, 책으로![96]
읽을수록 생각하는 아이로 자란다

아이들의 책 읽기 능력이 점점 떨어지고 있다는 사실은 여러 사례를 통해서도 드러납니다. 2019년도 수학능력시험 국어 1등급 커트라인이 84점을 기록했습니다. 이는 역대 가장 낮은 점수였습니다. 한 국어국문학과 교수는 "읽기 능력이 지속적으로 떨어지고 있다"며 "하 수준 이하의 아이들이 굉장히 많이 늘어나 전체의 32%로 3명 중 1명의 학생이 교과수업에서 독해능력이 떨어진다는 수치"라고 분석했습니다.[97]

갈수록 많은 10~20대가 읽기보다 보기에 익숙해지고 있습니다. 유튜브 등 영상을 통해 많은 것을 배우고 있다고 해도 무방할 정도입니다. 텍스트보다 영상이 편하고 익숙한 세대입니다. 점점 더 읽기는 귀찮고 피하고 싶어 합니다. 기사나 텍스트가 긴 글은 제대로 읽지 못하고, 읽어도 잘못 이해하는 경우도 많습니다. 독서는 점점 더 멀어지고 읽기 능력은 다시 떨어지는 악순환이 벌어집니다.

읽기의 질은 사고의 질을 보여주는 지표입니다. 어떤 읽기를 하는지, 또 그것을 내 것으로 만드는지에 따라 생각의 질은 달라집니다. 그 생각의 질은 어떤 삶을 살 것인지를 결정하기도 합니다. 이렇듯 읽기가 아무리 중요해도 강제로 책을 읽게 할 수도 없습니다. 또 읽는다고 깊이 읽는 뇌가 형성되지도 않습니다.

중요한 것은 자발적인 독서입니다. 자발적인 독서를 이끌어내는 좋은 방법은 양육자가 책 읽는 모습을 어릴 때부터 자연스레 보여주는 것입니다. 양육자가 책 읽는 모습을 보여준다면 아이들은 거울처럼 따라 읽을 가능성이 커집니다. 아이가 스마트폰에 과의존하고 있는 상태라면 생활습관이나 규칙을 조금씩 바꾸도록 유도하는 노력도 필요합니다. 예를 들어 스마트폰 종료시간 지키기, 공부할 때나 식사할 때 스마트폰 보지 않기 등이 이에 해당합니다.

20세기 위대한 전기 작가였던 슈테판 츠바이크는 책은 기술을 두려워할 필요가 없다고 말했습니다. 기술도 책을 통해 먼저 배워야만 발전과 성장이 가능하다는 이유 때문이었습니다. 책의 위대함을 강조하자는 것은 아닙니다. 뇌를 변화시키는 가장 효과적인 도구가 책입니다. 책은 뇌를 바꾸고 깊게 사고할 수 있는 힘을 갖게 해줍니다. 이것은 아이뿐만 아니라 성인에게도 마찬가지입니다.

갈수록 아이들은 몸을 쓰지 않는 생활에 익숙해지고 있습니다. 책을 읽는 일도 귀찮은 일이 되었습니다. 직접 체험은 성가신 활동으로 전락했습니다. 독서도 유튜브에서 찾으면 되고, 유튜버 크리에이터가 대신 읽어주면 그만이라고 생각합니다. '읽기'가 아니라 '보기'를 통해서 말입니다.

이럴 때일수록 종이책과 디지털 읽기에 균형을 맞추는 '지혜'가 필요합니다. 매체에 상관없이 깊이 읽기를 가능하게 만들고 깊이 있는 사고까지 연결할 수 있는 교육이 필요합니다.

이제야 디지털 매체의 영향에 대한 연구가 본격화되고 사람들에게 알려지기 시작했습니다. 다만 그에 맞는 체계적이고 전문적인 훈련과 지원은 없습니다. 이런 과정도 점차 개발되고 발전될 것입니다. 반면 독서에 대한 효능과 교육(학습)법은 충분히 나와 있습니다. 읽기는 사고의 시작입니다. 깊이 읽을수록 생각하는 아이로 자랍니다. 학교에서도 우리 아이들이 '다시, 책으로' 돌아오게 하는 교육을 시작해야 합니다. ❧

건강한 사회에서
건강한 아이들이 자란다 : 사회

"우리는 늘 어떤 것에 빠져 있습니다. (…) 여가 중에 하는 취미도 중독, 여행도 중독이며, 여행도 여행만 다니면 안 되고, 블로그와 페이스북에 인증 사진을 올리며 부지런히 조회수를 확인해야 합니다. 스마트폰, 인터넷 게임, 도박, 알코올, 공부, 일로 가득 찬 시간 때문에 쉴 시간이 없습니다."
  – 김현수, 《요즘 아이들 마음고생의 비밀》

"스마트폰 좀 그만해." "너 자꾸 스마트폰에만 매달리면 없애버릴 거야."

많은 양육자가 이렇게 말합니다. 하지만 아이들이 고개를 끄덕일 만한 합당한 이유도 없이 스마트폰 사용을 제한하는 것은 위험합니다. 태어날 때부터 스마트폰을 끼고 자란 디지털 원주민 세대에게 스마트폰은 필수품입니다. 이들에게 스마트폰을 하지 말라는 말은 살점을 떼어내라는 말과 같습니다. 아이들에게 '와이파이'는 생명수입니다.

그렇다고 스마트폰 과의존 상태를 가만히 지켜보기만 하라는 것은 아닙니다. 그럼 어떻게 해야 하는지 묻습니다. 힘들고 어려워도 해야 하는 것이 어른이고 양육자의 역할입니다. 스마트폰에 빠진 아이들을 변화하도록 돕기 위해 가장 먼저 필요한 것은 '진짜 관심'입니다. 이것은 양육자에게만 요구되는 것이 아니라 우리 사회가 함께 관심을 가져야 합니다.

스마트폰보다
더 신나고 유익한 수업시간

서울시는 동대문구 전일중학교 빈 교실 두 개를 터 식물을 안으로 들이고, 원형 테이블 한가운데 작은 정원을 꾸몄습니다. 씨앗을 새싹으로 키우고 분갈이를 할 수 있는 시설을 만들고, 교실 뒤에는 열대식물이 자라도록 했습니다. 그렇게 숲이 있는 교실 '마음풀'을 만들었습니다. 시립대학교 조경학과 학생들이 자유학기제 수업 멘토로 참여해 중학생들과 함께 숲을 꾸미자 아이들 반응이 놀라웠습니다.

"지금 스마트폰 갖고 있는데, 이 수업이 더 재미있어서 안 보게 되어요." "여기 있을 때는 스마트폰 안 해요. 마음풀에 볼 게 더 많아서요."[98]

관심이 있으면 변화는 가능합니다. 둘러보면 스마트폰보다 더 재미있는 것은 얼마든지 많습니다. 아이들이 다양한 세계를 만날 수 있도록 판을 깔아주고 길을 안내해야 합니다. 이는 가정과 학교, 그리고 우리 사회가 함께해야 할 몫입니다.

아울러 아이들에게 잘해주어야 합니다. 스마트폰을 많이 썼다고 혼내는 대신 무언가 함께 해나가자고 제안하는 것이 좋습니다. 관심을 갖고 존중해주어야 할 수 있는 태도입니다. 김현수 정신과전문의는 이런 방식을 사용해볼 것을 권합니다. "잠깐만 내 이야기를 들어줄래, 괜찮겠니? 엄마가 곰곰이 생각해봤는데, 네가 스마트폰에 빠져 지내는 것에 대해 그동안 이해가 부족했던 것 같아. 그래서 앞으로 너를 대할 때는 조금 다르게 하려고 해. 네가 최선을 다한 순간이 있었고, 또 지금도 최선을 다하고 있다는 것을 믿고 앞으로 더 잘해주려고 노력할게."

진심 어린 걱정을 표현하면서 잘해주는 것이 중요합니다. 아이들은 믿음을 보내준 만큼 자랍니다. 기대에 미치지 못할 때도 당연히 있습니다. 하지만 그것은 온전히 양육자와 어른이, 그리고 우리 사회가 감당해야 할 몫입니다.

찾아보면 스마트폰보다
더 신나고, 더 유익한 것은 얼마든지 많다.

디지털의 초연결에서 빠져나오기

스마트폰은 저 멀리 쉽게 갈 수 없는 곳까지 연결하는 장점이 있습니다. 하지만 정작 주변 사람과의 진짜 연결은 방해합니다. 스마트폰은 한시도 외롭거나 심심하게 놔두지 않는 초자극제입니다. 워낙 다양한 콘텐츠가 구비되어 있으니 심심하고 지루할 틈이 없습니다. 어쩌면 우리는 스마트폰으로 인해 외로워할 시간을 빼앗겼는지도 모릅니다.

그런데 외로움도 중요한 능력이자 심리적 자원입니다. 외로움은 다른 사람에게 다가가게 만드는 중요한 요인입니다. 우리는 외롭기 때문에 친밀감이나 애착을 형성할 수 있습니다. 인터넷이나 앱 채팅이 그 외로움을 해소해줄 수는 없습니다. 그 안에서는 진정한 관계를 형성할 수 없기 때문입니다.

스마트폰을 통한 연결은 우리를 불편한 상황에서 피하게 해줍니다. 그러면서 우리는 또 하나의 능력을 잃게 됩니다. 애써 불편한 상황을 피하면서 우리는 대면 관계에 주의를 덜 기울이게 되고, 그 결과 주변 사람이나 상황에 대한 주의력이 떨어지고 사고범위도 좁아집니다.

하지만 우리는 직접 만나면서 좀 더 사람과 세상을 알고 사랑하게 됩니다. 위험이나 불편에 처할 수도 있지만 그것 또한 세상입니다. 데이트 앱에 나온 것만으로 데이트 상대를 잘 알 수는 없습니다. 직접 만나야 더 자세히 알 수 있습니다. 자세히 보아야 예쁘고, 오래

보아야 사랑스럽습니다.[99] 나와 세상을 직접 만나게 하는 것, 그것은 가상이나 자동화에 의해서는 가능하지 않습니다. 기본적으로 세상은 물성으로 되어 있습니다. 때문에 직접적인 만남, 직접적인 연결을 통해서 우리는 땅에 굳건히 발을 딛고 살아갈 수 있는 것입니다. 이제는 가상이 아닌 실제의 세계로 아이들을 데리고 나와야 합니다. 아이들에게 연결의 가치를 다시 알려주어야 합니다.

진정한 관심은 때로는 적극적인 접근방식을 뜻합니다. 스마트폰 사용에 제한이 필요하다는 판단이 선다면 사회는 과감하게 나서야 합니다. 전 세계 내로라하는 천재들이 스마트폰과 콘텐츠를 만들고 있습니다. 어떻게든 스마트폰에 오래 머물게 하려고 갖은 영리한 방책을 동원했습니다. 적절한 통제와 제한이 없으면 누구라도 빠져들 수밖에 없습니다. 우리는 인정해야 합니다. 스마트폰에 있어서만큼 의지만으로 통제할 수 없습니다. 어른도 그러한데 아이는 더 힘들다는 사실을 기억해야 합니다.

눈앞의 마시멜로에
우리 아이는 얼마나 안전할까?

우리 사회는 미성년에게 담배와 술을 팔지 못하게 규제합니다. 분명한 해악이 있다는 판단 혹은 사회적 합의 때문입니다. 그래서 미성년에게 담배나 술을 팔면 처벌을 받습니다. 하지만 행위 중독을 부르는 대상을 규제하는 사회는 거의 없습니다. 게임에 빠져서 식음을 전폐하든 디지털 기기만 끼고 살아도 사회 차원에서는 시큰 둥합니다. 물론 우리 사회는 현행법상 밤 10시부터 다음날 오전 9시까지 미성년이 PC방 출입을 할 수 없습니다.

중국은 2019년 11월부터 미성년자의 게임 가능 시간 등을 규제하고 있습니다. 평일은 최장 90분, 휴일은 180분을 상한으로 뒀습니다. 게임 금지 시간대도 정해 밤 10시부터 다음날 오전 8시까지 게임을 금지했습니다. 이 밖에 게임을 할 때 실명등록을 철저히 하고 성적이나 그로테스크한 표현을 엄격히 금지하는 내용 등이 포함되었습니다. 가정에서는 양육자의 감독을 독려하는 한편, 기업이 규제를 어길 시에는 허가취소까지 내릴 수 있도록 만들었습니다. 중국 정부는 게임에 빠져서 일상에 지장을 주고 폐인에 다다르기도 하는 등 게임 중독이 사회문제로 떠올랐다고 판단했습니다. 이런 조치는 디지털 과의존과 중독에 대한 우려가 점차 커지고 있음을 방증합니다.

스마트폰이 수중에 없거나 고장이 나면 대뜸 불안부터 느끼는 사람도 많아졌습니다. 음성통화보다 문자에 의존하거나 선호하는 현상도 나타납니다. 디지털 원주민일수록 더욱 그렇습니다. 어른이나 아이 모두 스마트폰이 뿜는 유혹 앞에 허물어집니다. 이길 방도가 없습니다. 이미 스마트폰이 없으면 생활이 매우 불편할 정도입니다. 아이들은 어른보다 훨씬 유혹에 취약합니다. 눈앞의 마시멜로는 치명적입니다. 입 안에 침이 절로 고이고 뿌리칠 수가 없습니다. 그런 아이를 존중하고 보호하는 일에 우리 사회 또한 취약합니다.

사회적 가치를 낳는 신기술이 필요하다

테크놀로지는 그 자체로 선하지도 악하지도 않습니다. 중립적입니다. 스마트폰이나 디지털 플랫폼이 다양하고 풍성한 인간관계를 누리게 만들고 연결을 통하여 세계와 사람을 사유하게 만든다면 테크놀로지를 바람직하게 활용하는 사례입니다. 하지만 오늘날 거대 테크 기업은 사용자를 과의존과 중독을 유발하는 쪽으로 기술과 알고리즘을 사용합니다. 사람보다 독점(자본)을 향한 욕망이 그만큼 큽니다. 예를 들어볼까요?

페이스북이나 인스타그램에서 숫자를 제거한다면 어떻게 될까요? 많은 사람이 흥미를 잃을 겁니다. 그것을 문제라고 여기지 않는 경우가 많지만 페이스북은 숫자로 가득 찬 세상입니다. 타임라인, 친구 수, 활동, 좋아요, 댓글 등이 숫자로 드러납니다. 그 산술적인 피드백을 없애는 것만으로 남들의 관심을 받기 위해 SNS에 매달리는 경우가 지금보다 줄어들 겁니다. 덕분에 스스로 자존감을 깎게 만드는 일에서 서서히 벗어날 것입니다. 많은 사람이 과의존에서 벗어나 자신을 끊임없이 남과 비교하고 목표를 세우게 만드는 일도 줄어들 것입니다.

'페이스북 수치제거기(Facebook Demetricator)'[100]라는 기술이 있습니다. 페이스북 수치제거기는 마음 트래픽을 부르는 숫자를 스크린에서 숨깁니다. 친구가 몇 명인지, 얼마나 많은 수가 '좋아요'를 누르고 공유하는지 보이지 않게 합니다. 이를 만든 벤저민 그로서는 웹사이트에 이렇게 소개합니다. "수치들이 규정하는 사회성을 거부하고 계량화에 의존하지 않는 네트워크 사회를 만들어가고자 한다." 이 수치 없는 체계를 사용하면 페이스북에 대한 흥미가 떨어짐을 알 수 있습니다. 그동안 숫자가 얼마나 과의존과 중독성을 불러왔는지 깨달을 수 있습니다. 수치제거기는 페이스북 사용을 금지하지 않습니다. 의지와 무관하게 페이스북에 매달리게 만드는 피드백 단서를 무딘 칼로 만듭니다.

신중하게 고안해서 만들면 애초부터 중독성을 띠지 않을 수 있습니다. 반드시 필요하지만 중독성이 없는 제품이나 체험을 만드는 일은 가능합니다. 기업의 사회적 책임이 여기서 드러납니다.

기업이 추구해야 할 최고선이 이윤 극대화라고 배운 시절이 있었습니다. 이제 그런 시대가 저물고 있습니다. 다양한 사회문제를 해결하고 환경, 지속가능성 등 공공의 이익에 기여할 수 있는 사회적 가치가 중요한 시대정신으로 떠올랐습니다. 테크놀로지는 계속해서 새로운 발전을 내놓을 것입니다. 다만 어떤 기술 발전은 특정 기기 등에 대한 과의존을 부추길 수 있습니다. 아이들이 잘 자랄 수 있는 지속가능한 사회를 원한다면 우리는 기술 발전의 방향을 돈(사익)이 아닌 사회적 가치를 낳도록 요구해야 합니다. 그래서 가정이나 학교도 기업의 전형을 닮아가는 풍속도를 끊어야 합니다. 윈스턴 처칠이 자주 쓰던 유명한 말이 있습니다. "우리는 우리 건물을 만들지만 그 건물은 다시 우리를 만든다.(We shape our buildings; thereafter they shape us)" 건물이 생활환경으로써 거주자 사고와 판단에 암묵적으로 영향을 미친다는 뜻으로 해석할 수 있습니다. 기술과 디지털 기기도 마찬가지입니다. 우리는 기술 발전을 통해 스마트폰과 같은 디지털 기기를 만들지만, 그 기기가 다시 우리를 만듭니다.

스마트폰을 단순한 기계라고 생각해선 안 됩니다. 그렇다고 아이를 망치는 기계로 생각해서는 더욱 안 됩니다. 다만 스마트폰을 아무 생각 없이 쥐어주거나 양육의 편리함을 위한 도구로만 사용하는 것은 위험합니다. 아직 우리 사회는 거대 테크 기업이 짜놓은 정교한 알고리즘을 세심하게 파악하지 못하고 있습니다. 일상이 너무 바쁘고 무딘 탓입니다. 그렇다고 아이를 스마트폰에게 맡기는 것은 바람직하지 않습니다. 양육자이며 어른이라면 아이들 세계를 먼저 알아보려고 애써야 합니다. 다른 이유는 없습니다. 어른이기 때문입니다. ✎

아이의 스마트한 미래를 위해 함께해요!
가족이 함께하는 건강한 스마트폰 사용습관 5

1. 일주일에 한번은 스마트폰 사용을 점검하세요.

일주일에 한 번은 우리 가족 스마트폰 사용을 점검하는 날! 아이들과 스마트폰 사용에 대한 약속을 정해도 약속대로 절제하는 것이 어른들도 쉬운 일은 아닙니다. 그렇기 때문에 스마트폰 사용을 모니터링하고 사용시간을 점검해주는 앱을 활용하는 것도 도움이 됩니다. 일주일에 한 번은 가족 모두 '마인즈케어' 스마트폰 사용 앱을 깔고 매주 사용내용을 점검해보세요. 어떤 콘텐츠를 얼마나 자주 사용하는지를 서로 리뷰하는 시간을 갖는 것이 중요하다는 사실! 잊지 마세요.

2. 일주일에 하루는 스마트폰 휴(休)요일로 정하세요.

일주일에 하루 정도는 스마트폰 사용을 쉬거나 줄이는 날로 정하면 어떨까요? 물론 매일 습관처럼 하는 행위를 멈춘다는 것은 굉장히 불편할 거예요. 만약 회사나 학교를 가는데 스마트폰을 집에 두고 왔다면 대부분 지각을 하는 한이 있어도 다시 들어가 스마트폰을 들고 나올 겁니다. 그런데 혹시 너무나 편안한 것에만 익숙해 있는 건 아닌가요? 그것이 없어서 불편을 넘어서 불안하다면? 혹시 스마트폰에 매여 살고 있지는 않나요. 불편하다는 건, 그만큼 얽매여 있다는 것과 같습니다.

자, 우리 가족의 건강을 위해 일주일에 하루는 스마트폰 휴(休)요일로 정해볼까요. 이날은 스마트폰을 꺼놓거나 평소보다 2~3시간 빨리 종료시간을 정해놓고 가족과 시간을 보내는 겁니다. 자녀가 좋아하는 취미활동을 함께 해도 좋고 대화를 해도 좋습니다. 스마트폰 없이도 불안하지 않을 때, 건강해지고 있다는 신호입니다.

3. 매일 스마트폰 종료시간을 지켜주세요.

하루에 적절한 수면시간은 몸의 건강을 지켜줍니다. 스마트폰도 종료 시간을 정해두는 게 좋습니다. 하루를 마감하며 침대에 누워 편안한 자세로 스마트폰을 보는 것은 참 달콤한 시간입니다. 처음에는 잠깐만 봐야지 했다가 시간이 훌쩍 지나고 새벽까지 이어지는 경우가 허다합니다. 스마트폰이나 TV, 모니터 등 디지털 기기에서는 청색광(블루라이트)이 나오는데 이 청색광이 눈의 피로감을 유발하고 불면증의 원인으로 작용합니다. 한창 호기심 많은 청소년기에는 늦은 밤까지 스마트폰의 유혹에서 벗어나기 어렵습니다. 이럴 때, 매일 종료시간에 맞춰서 지정된 장소에 스마트폰을 반납하는 것도 좋은 방법입니다. 물론 부모님이 먼저 모범을 보여주시면 더 좋습니다. 스마트폰 사용에도 '종료시간'을 정해서 지키면 우리 아이들의 몸과 마음이 더 건강해진다는 사실, 잊지 마세요.

4. 정기적으로 스마트폰을 청소해주세요.

방 안에 불필요한 것들이 잔뜩 쌓여 있을 때, 청소를 합니다. 스마트폰도 마찬가지입니다. 최근 한 달 동안 사용하지 않은 애플리케이션은 얼마나 되는지 확인해보세요. 정기적으로 스마트폰 애플리케이션을 청소해보세요. 스마트폰 청소뿐만 아니라 불필요한 알림 끄기, 또는 무음 기능도 실천해보세요. 필요할 때, 스마트폰을 사용하는 것은 중독이 아닙니다. 사실 스마트폰 자체가 우리를 중독에 빠지게 하는 것은 아닙니다. 자극적인 재미만을 위해 스마트폰을 사용하기 시작하면 중독에 빠지기 쉽습니다. 특히 청소년기에는 쾌락중추에 예민하게 반응해서 재미있고 자극적인 것에 쉽게 물들기 쉽습니다. 선정적인 오락용 애플리케이션, 자주 사용하지 않는 애플리케이션은 과감히 지워보세요. 그리고 애플리케이션 청소 이후 가족 각자의 일상이 어떻게 달라졌는지 서로 그 느낌을 나눠보는 것도 좋은 방법입니다.

5. SNS 다이어트를 실천해보세요.

요즘은 하루 24시간 'SNS 감옥'에 갇혀 살고 있다고 해도 과언이 아닙니다. SNS 메신저가 항상 대기상태이기 때문입니다. 카카오톡 연락에 당장 답장을 안 하면 무슨 일 있느냐고 물어보는 사람들도 많아졌고, 매일 얼굴을 볼 수 있는 가정과 학교에서도 카카오톡으로 수시로 연락을 주고받습니다. 뿐만 아니라 페이스북, 인스타그램 등을 사용하는 사람들도 많습니다. 'SNS 감옥'이 괜히 나온 말이 아닌 듯합니다. 어느 십대 여학생은 서너 개의 단톡방과 페이스북과 인스타그램을 수시로 확인하지 않으면 불안하다고 고백합니다. SNS 중독은 또다른 관계 중독의 모습입니다. 혹시 남과의 관계에만 몰두하느라 정작 자신과의 관계를 잃어버리는 것은 아닐까요? 지금이라도 불필요한 SNS 과식은 멈추고 건강한 SNS 다이어트를 시작하면 어떨까요?

주석 및 참고문헌

서문

01 임은진, 〈英의원들 "SNS 중독, 일종의 질병으로 분류해야"〉, 연합뉴스, 2019. 3. 18.
https://www.yna.co.kr/view/AKR20190318146300009?input=1195m

02 'RE100(Renewable Energy 100%)'이 대표적이다. 기업이 자사 사용전력 100%를 태양
광, 풍력 등 재생에너지로 충당하겠다는 자발적 캠페인으로 2014년 글로벌 비영리단
체인 '기후그룹(The Climate Group)'이 처음 제안했다. 구글, 애플, 마이크로소프트
등 글로벌 테크놀로지 기업을 비롯해 나이키, BMW, 이케아, 스타벅스 등 2019년 9월
말 기준 203개 글로벌기업이 참여하고 있다. 참여기업들의 전체 매출액은 전 세계 국
내총생산(GDP)의 약 5%인 4조 5000억 달러에 이른다. RE100 참여기업이 늘어난다
면 이산화탄소(CO_2) 배출량을 지금보다 약 15% 줄일 수 있을 것으로 기대하고 있다.

01장

03 박진주, 〈'폰'에 고개 박고 있던 아이들… "탈출하니 새 세상"〉, 2019. 6. 4. MBC,
https://news.naver.com/main/read.nhn?mode=LSD&mid=sec&sid1=102&oid=214&a
id=0000953700

04 애플 아이폰이 2007년 등장하면서 스마트폰의 시대가 열렸다. 미국에서는 어렸을 때
부터 스마트폰을 쓰면서 자란 세대를 '아이젠'이라고 부른다. 앞선 밀레니얼 세대도
인터넷을 하며 자랐지만, 아이젠 세대만큼 밤낮 가리지 않고 어디서나 인터넷에 접
속한 채 살지는 않았다. 일본에서는 '스마호세다이'(스마트폰 세대의 일본어 발음)라
고 부른다.

05 컴퓨터, 인터넷, 스마트폰 등 디지털 기술을 배우고 익혀서 사용하는 세대를 디지털
이민자(Digital Immigrants) 세대, 태어나면서 디지털 환경에 노출되어 일상적으로 생
활에 이를 활용하는 세대를 디지털 원주민(Digital Native) 세대라고 부른다. 미국 교육
학자 마크 프렌스키(Marc Prensky)가 처음 이 말을 썼다.

06 고영태, 〈국민 95%가 스마트폰 사용…보급률 1위 국가는?〉, 2019. 2. 11, KBS, https://
mn.kbs.co.kr/news/view.do?ncd=4135732

07 이영빈, 〈"우린 스마트폰이 편해요"… '초딩 컴맹' 아시나요?〉, 2019. 5. 11. 조선일보,
https://news.naver.com/main/read.nhn?mode=LSD&mid=sec&sid1=102&oid=023&a
id=0003445532

08 컴퓨터공학자 칼 뉴포트(CAL NEWPORT)는 뉴욕타임스 2019년 1월 25일자에 〈스티브 잡스는 우리가 아이폰을 이렇게 쓰기를 원치 않았다〉(Steve Jobs never wanted us to use our iPhones like this)라는 칼럼을 통해 이같이 표현했다. https://www.nytimes.com/2019/01/25/opinion/sunday/steve-jobs-never-wanted-us-to-use-our-iphones-like-this.html

09 박의래, 〈인권위 "파마·염색금지와 휴대전화 수거는 학생 인권침해"〉, 2019. 06. 02, 연합뉴스, https://www.yna.co.kr/view/AKR20190601042900004

10 양민효, 〈프랑스, 초·중학교서 스마트폰 사용 '전면 금지'〉, 2018. 8. 1. http://news.kbs.co.kr/news/view.do?ncd=4018186&ref=A

11 김문기, 〈'영유아 셧다운제' 법제화 한다…스마트폰 과의존 해소〉, 2018. 12. 17, 아이뉴스24, http://www.inews24.com/view/1146110

12 독일 철학자이자 건축가 루돌프 슈타이너가 획일화한 공교육에 저항해 1919년 세운 대안학교. 신체와 정신의 성장에 맞춰 적합한 교육을 하여 올바른 전인교육을 행하는 것을 목표로 삼았다.

13 권태호, 〈컴퓨터·휴대폰 모르는 '실리콘밸리 2세들'〉, 2011. 10. 24., 한겨레, http://www.hani.co.kr/arti/international/america/502251.html

14 김현수, 《요즘 아이들 마음고생의 비밀》, 2019, 해냄

15 상동

16 미국 시장조사업체 가트너가 새 트렌드를 강조하기 위해 2008년 처음 사용한 용어. 모바일 시대를 맞아 사람과 사람, 사람과 사물, 사물과 사물이 연결된 상황을 일컫는다.

17 Nick Bilton, 〈Steve Jobs Was a Low-Tech Parent〉, 2014. 9. 10., The New York Times, https://www.nytimes.com/2014/09/11/fashion/steve-jobs-apple-was-a-low-tech-parent.html?_r=0

18 정미하, 〈자녀의 IT기기 이용 안 돼!… 빌게이츠·스티브잡스 양육법 화제〉, 2018. 1. 15, IT조선, http://it.chosun.com/site/data/html_dir/2018/01/15/2018011585036.html

19 Doug Bolton, 〈THE REASON STEVE JOBS DIDN'T LET HIS CHILDREN USE AN IPAD〉, 2016. 2. 14, 인디펜던트(INDEPENDENT), https://www.independent.co.uk/life-style/gadgets-and-tech/news/steve-jobs-apple-ipad-children-technology-birthday-a6893216.html

20 Steve Kovach, 〈Former Facebook exec feels 'tremendous guilt' for what he helped make〉, 2017. 12. 11, 비즈니스 인사이더(BUSINESS INSIDER), https://www.businessinsider.com/former-facebook-exec-chamath-palihapitiya-social-media-damaging-society-2017-12

21 https://www.ted.com/talks/adam_alter_why_our_screens_make_us_less_happy?language=ko

22 https://www.aap.org

23 https://www.healthychildren.org/English/media/Pages/default.aspx

24 수전 그린필드, 《마인드 체인지》, 2015, 북라이프

25 Davis, 2001 ; Rooij, Schoenmaker, Eijnden & Mheen, 2010; Young, 2009

26 충동적으로 행동하여 부정적인 결과를 초래하는 성향

27 페이스북 초창기 투자자였던 션 파커는 이런 주장을 펼쳤다. "SNS가 도파민을 자극하고 토론 등 사회적 승인과정에 대한 피드백을 옭아매 인간 심리의 취약한 부분을 악용한다."(Social Network provided a dopamine hit and a social validation feedback loop, that exploited a vulnerability psychology.)

28 송민섭, 〈힘들어도 아이들에게 스마트폰 쥐어주지 마세요〉, 2019. 6. 8, 세계일보, 재인용, https://www.segye.com/newsView/20190607508371

29 수전 그린필드, 《마인드 체인지》, 2015, 북라이프, p. 39

30 http://www.hani.co.kr/arti/culture/travel/895280.html

31 눈높이보다 낮은 화면(스크린)을 오랫동안 내려다보는 사람에게 흔히 일어나며 목이 거북목처럼 앞으로 구부러지는 증상이다. 장시간 컴퓨터나 스마트폰을 하는 경우, 이런 증상이 나타난다.

32 강수돌·홀거 하이데, 《중독의 시대》, 2018, 개마고원, p. 17

33 상동, p.22

34 심소원, 〈'스마트폰 중독' 중학생, 이렇게 빠져나왔다〉, 2014. 03. 03, 오마이뉴스, 특별기획 〈청소년은 청소년이 잘 안다. '너, 아니?'〉에 중학생이 직접 쓴 글 중에서.

35 현대 양변기의 시초는 1596년 영국 귀족인 존 해링턴 경이 엘리자베스 1세 여왕을 위해 고안했다고 알려져 있다. 영어에서 화장실을 'John'이라는 속어로 부르는 이유가 여기서 유래되었다.

36 SDSN은 1인당 국내총생산과 사회적 지원, 기대 수명, 사회적 자유, 관용, 부정부패 정도 등을 측정해 행복지수를 산출한다.

37 미국 피츠버그 의과대학이 19~32세 성인 1800명을 대상으로 SNS 이용과 우울증 관계에 대한 설문 조사를 실시했다. 그 결과, SNS 이용시간과 계정에 들어가는 횟수를 기준으로 상위 25% 이용자가 하위 25% 이용자보다 우울증 발병위험이 최소 1.7배에서 2.7배까지 높았다.

2장

38 뇌는 기본적으로 주름투성이로서 신경 회로가 복잡하고 정교하게 잘 짜일수록 뇌 표면 주름은 많아진다. 뇌의 신경회로망 발달에 관여하는 것이 시냅스다. 시냅스가 많이 만들어질수록 신경회로망은 촘촘해지고 두뇌가 발달한다. 시냅스는 생후 2개월 무렵 운동 피질에서 형성되고 반사 행동이 아닌 의도적인 행동을 시작한다. 50조 개 이상 시냅스를 갖고 태어난 아이는 몇 달 이내 1천조 개 이상 시냅스가 늘어난다. 시냅스는 과잉생산과 가지치기를 반복하면서 환경 적응에 필요하고 중요한 시냅스는 튼튼하게 만드는 반면 덜 중요한 시냅스는 가지치기를 통해 제거한다. 사춘기는 이런 시냅스가 가지치기를 하면서 재형성되는 시기로 사고와 분별력 등을 담당하는 전두엽에서 가지치기가 이뤄진다.

39 인싸는 인사이더의 줄임말로 무리에 잘 섞이고 행사나 모임에 적극 참여하여 잘 어울려 지내는 사람을 이르는 말이다. 핵인싸는 강조를 뜻하는 접두사 '핵'을 붙여 인싸에서도 매우 잘 섞이고 적극적으로 분위기를 이끄는 사람을 뜻한다. 아싸는 아웃사이더의 줄임말로 인싸의 반대말이다. 인싸와 아싸를 쉽게 말하자면, 친구가 많은 사람과 친구가 없는 사람이다.

40 이중삼, 〈"스마트폰, 우리 아이의 뇌 발달 망친다"〉, 2017. 9. 4., 베이비뉴스, https://www.ibabynews.com/news/articleView.html?idxno=49994

41 1997년 미국 아이오와 의과대학 연구자인 안토니 베카라(Antoine Bechara), 안토니오 다마지오(Antonio Damásio), 대니얼 트란넬(Daniel Tranel), 스티븐 앤더슨(Steven Anderson)이 행했던 실험으로 베카라 도박 과제(Bechara gambling task)라고도 불린다.

42 대뇌피질 및 시상과 신경망 연결을 통해 자발적인 움직임의 선택과 시작에 중요한 역할을 하는 뇌 기저핵의 한 영역이다. 새로운 뉴런이 지속 생성되며, 뇌졸중 회복, 퇴행성 뇌 질환의 치료법 발견 등에 선조체 뉴런이 중요할 수 있다는 연구 결과가 있다.

43 '쐐기앞소엽'이라고 불린다. 우뇌의 앞부분에 있으며 기억을 관장하는 뇌 부위의 일부이자 재미와 기쁨을 느낄 때 활동량이 증가하는 특징이 있다.

44 심재율, 〈수업 중 스마트폰, 학습에 악영향〉, 사이언스타임즈, 2018. 7. 31, https://www.sciencetimes.co.kr

45 이재준·양지호, 〈인류의 지능, 16년째 떨어지고 있다〉, 2014. 8. 26, 조선일보, http://premium.chosun.com/site/data/html_dir/2014/08/26/2014082600279.html

46 제임스 플린(James Flynn) 뉴질랜드 오타고대 교수가 내놓은 이론으로 경제성장 덕분에 영양 상태와 교육 여건 등이 개선돼 아이큐가 높아지는 현상을 일컫는다.

47 박채운, 〈英 연구진 "SNS 중독은 유전자 때문"〉, 2017. 1. 24, 조선일보, http://news.chosun.com/site/data/html_dir/2017/01/24/2017012401475.html

48 김수혜, 〈도박·알코올·인터넷·음란물…중독도 유전된다〉, 2006. 1. 6, 헬스조선, http://health.chosun.com/site/data/html_dir/2006/01/06/2006010656017.html

49 Wu, J.Y., et al., 〈Positive Outcome Expectancy Mediates the Relationship Between Peer Influence and Internet Gaming Addiction Among Adolescents in Taiwan〉, Cyberpsychol Behav Soc Netw, 2016.

50 McDaniel, B.T. and J.S. Radesky, 〈Technoference: Parent Distraction With Technology and Association With Child Behavior Problems〉, 2018.

51 강찬수·정현웅, 〈스마트폰 사용 하루 3시간 지식 늘지만 기억력 쇠퇴 '디지털 치매' 현상 현실화〉, 중앙선데이, 2015. 11. 8, https://news.joins.com/article/19025564

52 Uncapher, M.R., et al., 〈Media multitasking and momory: Differences in working memory and long-term memory〉, 2016

53 수전 그린필드, 《마인드 체인지》, 이한음 옮김, 북 라이프 펴냄, 2015. 12.

54 고승우, 〈스마트폰이 당신 '두뇌'를 뺏어간다〉, 프레시안, 2018. 11. 12, http://www.pressian.com/news/article?no=217046#09T0

55 ERIC W. DOLAN, 〈Intensive smartphone use may be harmful to our cognitive capabilities, study suggests〉, PsyPost, 2017. 10. 10, https://www.psypost.org/2017/10/intensive-smartphone-use-may-harmful-cognitive-capabilities-study-suggests-49870

55 조연희, 〈난독시대 아이들 "유튜브에 나오는데 제가 왜 해석하죠?"〉, SBS, 2019. 7. 22, https://news.sbs.co.kr/news/endPage.do?news_id=N1005361656

57 김지윤, 〈'다섯 줄'만 넘어가도 읽기 힘들어하는 아이들〉, 한겨레, 2019. 8. 13, http://www.hani.co.kr/arti/society/schooling/905511.html

58 Stephanie Steinberg, 〈College students have less empathy than past generations〉, 2010. 6. 8., USA TODAY, https://usatoday30.usatoday.com/news/education/2010-06-08-empathyresearch08_st_N.htm

59 《다시, 책으로》, p.88

3장

60 2015년 영국 경제주간지 '이코노미스트'(The Economist)에서 처음 썼다. '스마트폰을 신체 일부처럼 사용하는 새로운 인류'를 뜻한다.

61 스마트폰 등 모바일 기기와 서비스를 주도적으로 사용하는 인류를 의미한다.

62 Airbnb, 숙박 플랫폼 비즈니스로서 '공유경제'라는 말을 사용하기도 하나 엄밀한 의미에서 공유가 아니다. 에어비앤비는 고객과 숙박업자를 연결하는 플랫폼을 제공하고 수수료를 받는다.

63 Uber, 승객과 운전기사를 스마트폰으로 연결하는 플랫폼이다. 택시를 소유하지 않는 택시 서비스라고 볼 수 있다.

64 프랭클린 포어, 《생각을 빼앗긴 세계》, 이승연·박상현 옮김, 반비, 2019. 7.

65 재런 러니어, 《지금 당장 당신의 SNS 계정을 삭제해야 할 10가지 이유》, 신동숙 옮김, 글항아리, 2019. 5.

66 'G'는 Generation의 줄임말이다. 통신 기술의 발달 정도를 나타낸다. 4G까지는 트래픽 처리와 전송 속도를 높이는 것이 세대별 진화의 목적이었다. 5G는 일대 전환점으로 앞선 세대에서 네트워크 문제로 구현할 수 없었던 다양한 서비스가 가능해진다. 즉, 자율주행차, 원격 수술, 공장용 로봇 등 초고속과 초연결 기능을 활용한 서비스가 5G의 핵심이다.

67 우리나라 아동·청소년 행복도를 '2015년 OECD 웰빙지수'에서 측정한 27개 회원국 아동들과 비교하면, 우리나라 아동의 삶의 만족도는 6.62점으로 최하위였다. 한국 외 OECD 27개국 평균 점수(7.6점)보다 1점이나 낮았다. 스웨덴(8.1점), 네덜란드·아이슬란드(8.0점), 핀란드(7.8점) 등이 상위권을 차지했다.

68 '2018년 사망원인통계'에 의하면, 10대가 죽는 원인 가운데 1위가 자살이었다. 10대 자살률(10만 명당 스스로 목숨을 끊는 사망자 수)은 5.8명으로 전년(4.7명)보다 22.1% 늘었다. 연령대별 가장 높은 증가율이고, 10대 사망자 10명 가운데 3명(35.7%) 수준에 달했다. OECD 회원국 가운데 10대 자살률이 가장 높다.

69 10대 환경운동가 그레타 툰베리는 2019년 9월 뉴욕 유엔본부에서 열린 '기후행동 정상회의'에서 각국 정상들을 모아놓고 "어떻게 당신들이 감히 그럴 수 있냐(How dare you)"라고 호통을 쳤다. 이런 툰베리의 분노는 기후 위기의 심각성을 전 세계에 알렸으며 각지에서 일주일간 등교나 출근을 거부하는 '글로벌 기후 파업(Global climate strike)'이 전개되었다. 특히 10대 소녀들이 이 운동에 적극적으로 참여했다.

70 통계청이 2018년 발표한 '인구주택총조사'에 의하면 1990년 1인 가구 비율은 9%였지만, 2018년 29.2%로 크게 늘었다.

71 영국에서 사회적 고립이 질병으로 주목받은 것은 2016년 브렉시트 반대를 주도하다가 살해당한 노동당 조 콕스(Jo Cox) 전 의원의 역할이 컸다. 고인의 뜻을 기려 만들어진 '조 콕스 외로움 위원회'는 고립으로 고통을 겪는 사람이 900만 명에 달한다며 고립을 사회문제로 삼고 이를 해결하자는 캠페인을 주도했다. 위원회는 특히 "외로움은 하루에 담배 15개비를 피우는 것만큼이나 건강에 해롭다"라며 "고독은 개인적 불행에서 사회적 전염병으로 확산됐다"며 고독을 질병으로 규정했다. 다만 책임자로 임명된 트레이시 크라우치(Tracey Crouch)는 한국 문화체육관광부에 해당하는 '디지털, 문화, 미디어, 스포츠부(Department for Digital, Culture, Media and Sport·DCMS)' 3명 정무차관 가운데 1명이다. 스포츠, 경마, 도박, 복권 업무와 시민사회청(Office for Civil Society·OCS)을 관장하면서 외로움 문제까지 맡았다. 많은 언론이 Minister를 '장관'으로 해석했으나 실제로는 차관급 인사다.

72 송길영, 〈인친, 트친, 페친, 실친〉, 중앙일보, 2019. 8. 12, https://news.joins.com/article/23549670

73 Maura Kelly, 〈How We Meet Our Spouses〉, The Wall Street Journal, 2014. 3. 27, https://www.wsj.com/articles/how-we-meet-our-spouses-1395859838?tesla=y

74 아르투어 쇼펜하우어(Arthur Schopenhauer)가 마지막 저서 《부록과 추가》(Parerga und Paralipomena)에서 꺼냈으며 그는 외부에서 따뜻함을 구하는 사람은 어느 정도 타인에게 상처받을 것을 각오해야 한다고 말했다.

75 수전 그린필드, 《마인드 체인지》, 이한음 옮김, 북라이프, 2015.

76 같은 책

77 같은 책

78 https://sol.shinhan.com/ebook/ordinaryRpt_2019

79 이지은, 〈10대 청소년 건강 안전에 가장 큰 위협 요소는 스트레스와 우울감〉, 여성소비자신문, 2019. 7.26., http://www.wsobi.com/news/articleView.html?idxno=78464

80 이강훈, 〈스마트폰 의존도가 높을수록 우울증에 걸릴 위험 높아〉, 메디컬리포트, 2019. 10. 4, http://medicalreport.kr/news/view/220579

4장

81 로맹 가리가 세계 3대 문학상의 하나인 프랑스 공쿠르 상을 탄 《자기 앞의 생》을 집필하면서 썼던 가명이다. 그는 가명으로 여러 소설을 발표했고 에밀 아자르라는 이름을 쓴 덕분에 한 작가에게 두 번 주어지지 않는다는 공쿠르 상을 수상했다.

82 박지혜, 〈국내 키즈 콘텐츠시장의 현황과 시사점〉, 산업연구원, 2019. 6, http://www.kiet.re.kr/kiet_web/?sub_num=12&state=view&idx=55409

83 김수미·허휴정·조 현·권 민·최지혜·안희준·이선우·김연지·김대진, 〈대학생에서 우울, 충동성, 회복탄력성이 스마트폰 중독에 미치는 영향〉, J Korean Neuropsychiatr Assoc, 2014. 6. 11.

84 김주환, 《회복탄력성》, 위즈덤하우스, 2011. 4

85 미국 DC코믹스의 대표 캐릭터 중 하나인 배트맨에 맞서는 빌런(악당)이다. 2019년 조커가 어떻게 탄생하게 되었는지 그 비화를 다룬 영화 〈조커〉가 개봉했다.

86 윤천기, 〈전복과 광기의 담론: 『원더랜드에서의 앨리스의 모험』 읽기〉, 『영어영문학연구』 제37권 제1호, 2011 봄

87 허수아비에게는 왕겨로 만든 뇌를, 양철나무꾼에게는 비단으로 만든 심장을, 사자에게는 용기를 주는 약을 마시게 한다.

88 Placebo effect. 의사가 환자에게 가짜 약을 주거나 꾸며낸 치료법을 실행했는데도 환자의 긍정적인 믿음으로 인해 병세가 호전되는 현상을 뜻한다.

89 수전 그린필드, 《마인드 체인지》, 이한음 옮김, 북라이프, 2015. 12.

90 김영미, 〈SNS의 시대, 건강한 자존감 지키기〉, 정신의학신문, 2018. 11. 14, http://www.psychiatricnews.net/news/articleView.html?idxno=12557

5장

91 전상진, 〈한국에서 '청년 때리기'가 주춤한 까닭〉, 한겨레, 2019. 10. 27, http://www.hani.co.kr/arti/opinion/column/914724.html

92 https://www.netaddictionrecovery.com 2009년 미국 최초의 인터넷 게임 중독 치료센터로 설립됐다. 스마트폰 중독을 비롯해 다양한 디지털 기기로 인한 개인, 가족, 지역사회 등이 직면한 문제를 풀 수 있는 힘을 길러주는 프로그램을 운영한다. '사람과 지구를 위한 지속가능한 디지털 미디어 사용'을 목표로 한다.

93 애덤 알터, 《멈추지 못하는 사람들》, 홍지수 옮김, 부키 펴냄, 2019. 8.

94 이탈리아 신경심리학자 자코모 리촐라티(Giacomo Rizzolatti) 교수 연구팀이 원숭이가 다른 원숭이나 사람 행동을 보기만 해도 자신이 움직일 때와 마찬가지로 같은 뉴런이 반응한다는 사실을 발견하였다. 타인 행동이나 의도, 감정을 추측하고 모방하며 공감 능력을 담당한다고 알려진 신경세포를 거울 뉴런이라고 한다.

95 김학준, 〈"아이들아, 도전과 위험을 즐기며 맘껏 뛰어놀아라"〉, 한겨레, 2019. 11. 04, http://www.hani.co.kr/arti/society/schooling/915776.html

96 인지신경학자이자 아동발달학자인 매리언 울프가 쓴 책 《Reader, come home》의 한국어판 제목이다.

97 SBS스페셜 〈난독시대-책 한 번 읽어볼까〉, 2019. 7. 21. 방송, https://programs.sbs.co.kr/culture/sbsspecial/vod/53591/22000343042

98 원낙연, 〈스마트폰보다 재밌는 수업, 숲 교실〉, 한겨레(서울&), 2019. 6. 13. http://www.seouland.com/arti/education/education_general/5262.html

99 나태주 시인의 '풀꽃'에 나온 시구를 인용했다. 자세히 보아야 예쁘다/ 오래 보아야 사랑스럽다/ 너도 그렇다

100 https://bengrosser.com/projects/facebook-demetricator/

이 책은 과학기술정보통신 2014-2019년도 과기정통부의 재원으로 한국연구재단 뇌과학원천기술개발사업의 지원을 받아 출간하였음. (과제번호 : NRF-2014M3C7A1062893)

청소년 스마트폰 디톡스

초판 1쇄 인쇄   2020년 4월 5일
초판 1쇄 발행   2020년 4월 12일

지은이 | 김대진

디자인 | 김태균, 박혜민
책임 편집 | 김혜진
콘텐츠 스토리텔링 | 김이준수

펴낸이 | 성미옥
펴낸곳 | 생각속의집

출판등록 2010년 5월 18일 제300-2010-66호
주소 | 서울시 종로구 혜화동 53-9, 1층
전화 | (02)318-6818   팩스 | (02)318-6613
전자우편 | houseinmind@gmail.com

ISBN 979-11-86118-36-8 03370